아무도 알려주지 않은
속독의 비밀

DONNA HONDEMO TAIRYOUNI YOMERU "SOKUDOKU" NO HON

Copyright ©Masami Utsude 2014
First published in Japan in 2014 by DAIWA SHOBO Co., Ltd.
Korean translation rights arranged with DAIWA SHOBO Co., Ltd.
through Korea Copyright Center Inc.
Korean edition copyright ⓒ2025 by Dodreamedia

이 책은 ㈜한국저작권센터(KCC)를 통한 저작권자와의 독점계약으로 ㈜두드림미디어에서 출간되었습니다.
저작권법에 의해 한국 내에서 보호를 받는 저작물이므로 무단전재와 복제를 금합니다.

아무도
알려주지 않은

# 속독의
# 비밀

우쓰데 마사미 지음
김은서 옮김 | 서승범 감수

두드림미디어

| 문고[1]화에 앞서 |

'속독'이라고 하면 '결국 띄엄띄엄 읽는 거겠지', '아무나 못해', '우뇌 어쩌고 하는데 그런 거 좀 이상해…'라고 생각하지 않나요?

지금까지 속독법을 배워본 적 있는 사람은 "끊임없는 눈 훈련이 필요하죠", "간단한 책에는 사용할 수 있어도, 어려운 전문서는 무리예요"라며 의심할지도 모릅니다. 저도 예전에는 그렇게 생각했습니다.

하지만, 그렇게 생각하면서도, '더 많은 책을 읽고 싶다! 빨리 읽고 싶다!'라는 강한 바람을 가지고, 다양한 속독을 배우고, 실천해왔습니다. 그게 벌써 30년 가까이 되었습니다. 그 결과, '누구나, 어떤 책이라도 속독할 수 있는 방법'에 도달하게 되었습니다. 이 책에서는 그 모든 것을 소개하고, 설명하고 있습니다.

제 속독법에는, 우뇌나 잠재의식과 같은 이야기는 나오지 않습니다. 마법 같은 것은 없습니다. 어떤 사람은 '뭐야? 그런

---

[1] 보급을 위해 가볍고 작고 저렴하게 만든 책입니다. - 역자 주.

거야? 그게 당연하겠지?'라고 생각할 수도 있습니다. 그러나 정말로 이 속독법을 실천해본다면, 지금까지의 읽기 방법에서는 생각지도 못했던 '마법과 같은 일'이 일어납니다. 이 책은 2011년 10월에 단행본으로 출판되었고, 독자들의 놀라운 실제 체험담이 끊임없이 이어지고 있습니다.

"저는 이 책으로 도쿄대학 대학원에 합격했습니다!"
"한 달에 500권으로 단숨에 속도가 올라갔습니다."
"공부를 싫어하던 제가, 지금은 공부를 질색하지 않게 되었습니다."
"이 책 덕분에 공무원 시험에 합격했습니다."

또한 이 책에서는, 속독 방법뿐 아니라, 독서의 본질로까지 거슬러 올라가 설명하고 있습니다. 따라서 단순히 책을 빠르게, 많이 읽을 수 있게 될 뿐만 아니라, 깊이 읽을 수 있게 되고 책과 사귀는 방법 그 자체가 변하게 됩니다.

"가장 큰 변화는 독서 시간이 큰 폭으로 늘어난 것."
"새로운 독서 세계를 볼 수 있게 되었다."
"독서의 근본이 적혀 있는 책."

지금까지 속독법을 배웠지만 제대로 활용할 수 없었던 사람은, '속독이란 이런 거구나!'라고 속독을 재발견하는 체험을 할 수 있을 것입니다. 속독의 작용 원리(Mechanism)를 이해함으로써, 속독의 약점도 파악하고, 더 효과적으로 활용할 수 있게 됩니다.

"이 책의 큰 특징은 '속독 환상을 깨부순다'라는 것."
"'속독할 때의 머릿속'에 대해 언급하고 있는 것은 이 책뿐이다."
"'일반인'의 시점에서 속독 습득의 작용 원리가 적혀 있다."

그리고, 이 책에서 소개하고 있는 속독법인 '고속 대량 회전법'은 단순한 속독, 독서에 그치지 않고, 당신의 일상생활과 앞으로의 인생에 커다란 변화를 초래할 것입니다.

"한정된 시간 속에서 충실한 일상을 보내고 싶은 사람의 필독서."
"간단한 원리로 효과는 평생입니다."

꼭 활용해주십시오!

| 시작하며 |

## 책과 강좌에서 가르쳐주지 않는 속독의 비밀

"지금보다 10배 빠르게 읽을 수 있다!"
"한 권을 10분 만에 읽을 수 있다!"
"하룻밤 사이에 5권의 책을 읽을 수 있다!"

서점에 진열된 속독 책 코너에는, 속도를 다투는 제목의 책들이 앞다퉈 나오고 있습니다. 그런 책 제목을 보며, 당신은 무슨 생각을 하나요? '그게 진짜라면 장난 아닌데'라는 생각이 드는 반면, '어쩐지 수상해'라고 느껴지지는 않나요?

저는 지금부터 25년 전에 속독을 알게 되었고, '만약 진짜라면?'이라는 옅은 기대를 품고 지금까지 다양한 속독 강좌에서 속독을 배워왔습니다. 그리고 지금은 '속독할 수 있다'라고 말할 수 있는 수준이 되었습니다.

한 속독 교실에서 제 속도를 측정해봤더니, 분속 10,000자 이상의 수준이었습니다. 이 책 같은 두께의 책[2]이라면 한 페이지에 500자 정도 적혀 있으니, 10분 동안 200페이지를 읽을

---

[2] 원서 기준으로 계산한 것입니다. - 편집자 주.

수 있다는 계산이 됩니다. 읽겠다고 마음만 먹으면 하루에 수십 권도 읽을 수 있고, 실제로 하루에 10권 이상 읽는 일도 빈번합니다. 25년간 1만 권, 즉 하루에 한 권 이상의 속도로 읽어왔습니다.

그런 제가 지금 이야기할 수 있는 것은, 속독 책에서 말하는 '10배 빠르게', '한 권에 10분', '하룻밤 사이에 5권'이라는 말은 사실이기도 하고, 거짓이기도 하다는 것입니다.

그렇다면 무엇이 거짓일까요?

확실히, 속독 강좌에서 훈련을 통해서 몸에 익히는 속독 기술은 매우 유익합니다. 그러나 '속독할 수 있다'가 되기 위해서는, 또 하나의 중요 포인트가 있으며, 그것이 없으면 속독이 불가능합니다. 그런데, 그 포인트에 대해서는 속독 책에서도 속독 강좌에서도, 거의 언급하지 않고 있습니다.

여기서 간단한 실험을 하나 해보겠습니다. 9페이지 소제목이기도 한 속담은 일부러 어순을 뒤죽박죽 섞어놓은 것입니다. 그것을 일순 본 것만으로 재배열해서 어떤 속담인지 알 수 있는지를 알아보는 실험입니다.

자, 이제 준비가 되었다면 시선을 오른쪽으로 옮겨서 아주 잠깐만 봐주십시오.

## '복이 참고 온다 견디면'

아주 짧은 순간이라 '복이 참고 온다 견디면'이라고, 한 자 한 자 읽을 여유는 없지만, 그냥 본 것만으로 이해할 수 있었을 것입니다.

이것은 속독 기술의 하나인 '소리를 내지 않고 보기'의 한 예입니다. 만약, 당신이 잠깐 본 것만으로 속담의 의미를 이해할 수 있었다면, 짧은 문장이기는 하지만 속독한 것입니다.

'확실히, 소리를 내지 않고 본 것만으로 제대로 머리에 들어오네.'

'머리에 들어오면, 뇌가 정확하게 처리해서 이해할 수 있게 되는구나.'

'보는 것만으로 이해할 수 있다면, 어떤 책이든 속독이 가능하지 않을까?'

이런 식으로 생각한 사람도 있을 것입니다. 그러나 그것은 유감스럽게도 착각입니다.

당신이 본 것은 책에 적혀 있는 '복이 참고 온다 견디면'이라는 정보가 아니라, 당신의 머릿속에 있던 '참고 견디면 복이 온다'라는 지식이기 때문입니다.

그렇다면 '보기만 해서는 모르겠다'의 경우라면 어떨까요? 이 경우 나한테는 속독이 어렵다고 생각하는 분이 있을지도 모르지만, 그렇지 않습니다. 그것은 그저 단순히, 그 말을 몰랐거나, 익숙하지 않기 때문입니다.

우리가 무언가를 읽을 때는, 지금까지 축적해온 지식과 정보, 경험 등의 '지식 자본(축적)'을 사용해서 읽습니다. 그리고 읽는 속도에는 이 '지식 자본'의 양과 질이 크게 관여합니다.

즉, 읽고자 하는 책에 대해서, 얼마나 지식의 양이 풍부한지, 관련된 분야의 정보를 가지고 있는지, 그리고 책을 읽어 온 경험이 얼마나 많은지(독서에 익숙한지)와 같은 '지식 자본'을 따지게 되는 것입니다.

만약 당신이 속독법을 배우지 않았다고 하더라도, 잘 알고 있는 내용의 문장과 책이라면, 빨리 읽을 수 있습니다. 이것만 보더라도, 당신이 쌓아온 지식, 정보, 경험 등 '지식 자본'의 중요성을 이해할 수 있을 것입니다.

하지만, 속독 강좌에서는 정작 중요한 '지식 자본'에 대해서는 거의 다루지 않습니다. 이것이 속독이 수상쩍은 모토이며, 속독에 도전한 많은 사람이 좌절하는 원인이기도 합니다.

이 '지식 자본'의 중요성을 무시하지 말고, 그것을 최대한 활용한다면, 매우 효율적이고, 실천 가능한 속독이 보이게 됩니다.

이 책에서는 '지식 자본'에 착안한 속독법인 '고속 대량 회전법'을 소개합니다. 이것은 돈과 시간을 들이는 특별한 훈련 없이, 어떤 문장이나 책에서도 바로 사용할 수 있는 유익한 속독법입니다. 독서를 친근하게 해주고, 독서가 가지고 있는 묘미를 손쉽게 맛볼 수 있게 해줍니다. 저도 이 방법으로 속독하게 되어, 업무도 일상생활도 굉장히 여유로워졌습니다.

저는 속독의 그런 훌륭함을 전달하고자, 이 책을 썼습니다.

당신이 다음 항목에 해당하는 사람이라면, 이 책을 꼭 손에 쥐길 바랍니다.

- 지금까지 '수상해'라고 생각해서 속독에 손 내밀지 않았던 사람
- 속독 책을 읽어봤지만, 도중에 내팽개친 사람
- 속독 강좌에서 배우기는 했지만, 평소에 그다지 활용하지 못하는 사람

이 책이 당신과 속독의 거리를 좁히고, 여유로운 인생에 보탬이 되길 소망합니다.

| 감수자의 글 |

## 속독은 '읽는 기술'이 아니라 '읽히는 감각'이다

《아무도 알려주지 않은 속독의 비밀》은 단순한 독서 속도 향상 기술서가 아닌, 독서의 본질에 대한 새로운 시각을 제시합니다. 이 책은 속독을 '속도'의 문제가 아닌 '접근 방식'과 '인식의 감각'으로 재정의하며, 우리의 독서 패러다임을 전환시킵니다.

저자는 명확히 말합니다. 속독은 소수의 특별한 능력이 아니라, 누구나 일상에서 자연스럽게 계발할 수 있는 독서 감각이며, 그 핵심은 '고속 대량 회전법'에 있다고요.

이 방법은 한 권을 한 번에 완독하려 하지 않고, 짧은 시간 내에 반복적으로 순환하며 읽어 점진적으로 내용을 흡수하는 접근법입니다. 목차, 서문, 후기를 2~3분씩 여러 차례 훑고, 본문 역시 전체 맥락을 중심으로 순환하며 읽습니다. 초반부터 완벽한 이해를 추구하기보다 '놓치는 것을 두려워하지 않는 자세'가 중요합니다. 이러한 축적과 반복이 이해력과 속도를 함께 향상시킵니다.

  책의 인상적인 예시로 '복이 참고 온다 견디면'이라는 문자열을 즉각 '참고 견디면 복이 온다'로 인식할 수 있는 이유는, 우리가 이미 이 속담을 알고 있기 때문이라는 설명이 있습니다. 이처럼 우리가 활용하는 '지식의 저장고'의 깊이와 폭이 독서의 질과 속도를 결정한다는 통찰은, 속독을 단순한 기술이 아닌 삶의 축적과 연결시켜 새롭게 조명합니다.

  저자는 속독을 '읽는 것'이 아니라 '읽고 있는 나 자신을 읽는 것'이라고 정의합니다. 이는 단순한 텍스트 처리가 아닌, 책을 읽는 자신의 반응과 감정을 관찰하고, 그 안에서 일어나는 내면의 울림을 포착하는 심층적인 경험을 의미합니다.

또한 이 책은 '읽지 않는 독서'의 가치도 강조합니다. 책장을 넘기지 않더라도, 아직 읽지 않은 책이 책상 위에 있다는 사실만으로도 우리에게 감각적 울림을 줍니다. 우리는 그 제목을 반복적으로 바라보며 책과의 심리적 거리를 좁히고, 그 존재 자체와 조용한 대화를 시작합니다. 이것이 독서가 선사하는 다층적인 경험의 한 단면입니다.

감수자로서 저는 포토리딩과 리드포액션을 통해 많은 이들과 독서의 본질을 나누어 왔습니다. 이 책은 단순한 속독 기법 안내서에 그치지 않고, 독서라는 행위 자체를 재해석하는 철학적 가이드입니다.

더 빠른 독서를 위해 이 책을 선택하셨다면, 읽고 난 후 이렇게 생각하게 될지도 모릅니다.

'더 많이 읽는 것이 아니라, 더 생생하게 읽는 것이 중요하구나.'

이 책이 여러분의 독서 방식에 의미 있는 변화를 불러오고, 책과의 관계, 나아가 자신과의 관계에까지 긍정적인 파장을 일으키는 계기가 되기를 진심으로 바랍니다.

간다 마사노리 공인 퓨처매핑® 코치<br>
포토리딩 마스터<br>
리드포액션 리딩퍼실리테이터<br>
**서승범**

| 차례 |

문고화에 앞서 —— 4
시작하며 – 책과 강좌에서 가르쳐주지 않는 속독의 비밀 —— 7
  '복이 참고 온다 견디면' —— 9
감수자의 글 —— 12

## CHAPTER 1
## 내용을 '알고 있어서' 빨리 읽을 수 있다

### SECTION 01 왜 속독이 불가능할까?

기술(Skill)만으로는 한계가 있다 —— 25
내가 속독할 수 있게 된 진짜 이유 —— 27
'독서 습관'은 '속독 기술'을 이긴다 —— 28
속임수에 속지 말자! —— 31
속독할 때 뇌는 어떻게 활동하고 있을까? —— 33
책이 아닌 머릿속의 정보를 읽고 있다 —— 34
고속으로 정보를 입력(Input)해도 머리 회전은 빨라지지 않는다 —— 38

## SECTION 02 속독에 대한 오해를 푼다

읽는 속도를 올려도 '속독'이라고는 할 수 없다 —— 41
눈을 빠르게 움직이는 것은 아니다 —— 42
한눈에 페이지 전체를 읽을 수 있게 되는 것은 아니다 —— 45
글자를 소리 내어 읽는 버릇을 없앤다 —— 48
'이해하려고' 하니까 느려진다 —— 51
지금까지의 독서와는 읽는 방법이 다르다 —— 53

## SECTION 03 속독 강좌에 다니지 않아도 된다

속독을 바로 체험해볼 수 있는 '유사 속독 훈련' —— 58
'속독 환상'에 돈과 시간을 낭비하지 말자! —— 60
어려운 문장은 빨리 읽을 수 없다? —— 62
속독 기술을 습득하는 열쇠도 지식 자본에 있다 —— 65
속독법 개발자가 실시한 훈련법이란? —— 66
누구나 바로 실천할 수 있는 '고속 대량 회전법' —— 69

## CHAPTER 2
## '고속 대량 회전법'으로 속독을 실현하다!

### SECTION 04 '반복'한다는 발상이 모든 것을 해결한다

기존 속독법의 결점을 극복한다! ——— 73
지식 자본의 축적이 중요하다 ——— 74
'속독의 복리 효과'란 무엇인가 ——— 78
모르는 부분에 얽매이지 않는다 ——— 80
왜 누구나 바로 속독할 수 있는 것일까? ——— 83
반복해서 읽는 편이 빠르다 ——— 84
고속 대량 회전법이 탄생한 계기는? ——— 86

### SECTION 05 고속 대량 회전법의 2대 원칙을 이용하자!

제1의 원칙, 빨리 읽기 때문에 이해할 수 있다 ——— 88
정독보다 속독으로 깊이 이해할 수 있는 이유 ——— 90
제2의 원칙, 첫 번째보다 두 번째 더 빨리 읽을 수 있다 ——— 93
어려운 시험에 단기간에 합격할 수 있었던 속독법 ——— 95
'고속'과 '대량 회전'의 상승 작용 ——— 97
'반복'으로 '이해하려고' 하는 생각을 떼어놓는다 ——— 101
기술은 나중에 얻어진다 ——— 103

# CHAPTER 3
## 30분이면 어떤 책이라도 속독할 수 있다

### SECTION 06  제일 먼저 전체 구조를 파악한다

왜 30분인가? ──── 107
책의 정보로 가득 차 있는 목차 ──── 109
우선은 목차를 2분간 열 번 회전! ──── 111
'이해하려고 하지 않고 보기' 기술의 힌트 ──── 112
목차의 다음은 '들어가며·나오며' ──── 116
'들어가며·나오며'도 읽지 않고 '보기' ──── 117
책을 '읽는다'라고 하기 위해서는? ──── 118

### SECTION 07  대상을 추려서 쉽게 회전시킨다

본문은 장의 제목 골라 읽기부터 시작한다 ──── 120
두꺼운 책에도 금세 익숙해지는 읽기 방법 ──── 121
매일 아침 휘리릭 신문을 훑어보는 느낌으로 ──── 123
속독을 가속화하는 '책에 맞장구' ──── 124
전반 15분 동안에 책 전체의 구조가 보인다 ──── 127
후반 15분 동안 회전시키며 세부로 들어간다 ──── 128
'전체'와 부분'을 항상 왕복 ──── 130

### SECTION 08 '지금 이해한 내용'이 책의 전부는 아니다

- 속독이라는 읽기 방법, 이해 방법에 익숙해지기 위해 —— 132
- 30분 만에 읽지 못하면 안 되는가? —— 133
- '잘 읽었다'라고 생각되는 책이란? —— 134
- 속독 후의 주의점 —— 135
- 빠르게 읽어버린 책과도 오래 사귀자 —— 137
- 소설도 속독할 수 있다 —— 139

## CHAPTER 4
## 효율성을 지나치게 중시하는 '위험한 읽기 방법'

### SECTION 09 무엇이 속독을 망치는가

- 독서란 지식과 정보의 '다운로드'가 아니다 —— 145
- 지식 자본을 효과적으로 활용하는 '경제적'인 읽기 방법 —— 147
- 비법은 '책을 읽고 있는 자신을 읽는다' —— 150
- 속독의 약점도 지식 자본에 숨어 있다 —— 152
- 사무적인 '간편한 속독법' —— 153
- '간편한 속독법' 그 까닭은? —— 155

## SECTION 10 '착각 속독'과 포토리딩

궁극적인 다운로드 발상 ── 156
고속 대량 회전법과 닮은 것 같지만, 전혀 다르다 ── 158
포토리딩 강좌에서 목격한 것 ── 161
'착각 속독'을 탄생시키는 과정 ── 162
이해와 착각은 종이 한 장 ── 164
포토리딩도 지식 자본의 활용 ── 167
이해, 기억에 필요한 것은 반복과 실패 ── 168
'정말로 도움이 되는 속독'으로 작업 교대(Shift Change) ── 170

## SECTION 11 '검색 속독'과 레버리지 리딩 Leverage Reading

읽는 목적이 명확한 독서의 위험성 ── 172
왜 목적화해서는 안 되는가 ── 174
비즈니스 서적을 여러 권 읽어도 몸에 배지 않았던 까닭 ── 176
검색을 넘어선 속독을 목표로 ── 178
저자의 세계로 빠르게 들어가기 위해서는 ── 182
'납치되는', '연루되는' 것이 독서의 묘미 ── 184
독서에서 검색으로, 검색에서 독서로 ── 186

## CHAPTER 5
## 속독이 책과의 만남을 넓혀 준다

### SECTION 12 '시간을 들이는 속독'도 있다

어려운 책과 탐탁지 않은 책은 '쌓아 두기(Book Hoarding)'부터 —— 191
제목에서부터 고속 대량 회전을 시작한다 —— 193
짬이 나는 시간을 활용한다 —— 195
자신을 성장시키는 속독을 하고 있는가? —— 197
전자책은 속독에 적합하지 않다 —— 199
기억에 남기 어려운 전자책의 결점 —— 201
'빨리 읽어서 끝내버리는 기술'로 끝나는 게 아니다 —— 203
속독에 필요한 것 —— 205

**끝내며** —— 207
**독자의 목소리** —— 210

# 내용을 '알고 있어서' 빨리 읽을 수 있다

## SECTION 01
# 왜 속독이 불가능할까?

### 기술(Skill)만으로는 한계가 있다

예전에, 한 문화센터에서 속독 세미나를 진행한 적이 있었는데, 그때 매우 인상적인 일이 있었습니다.

참가자들에게 "지금 가방 속에 가지고 있는 책을 꺼내 보십시오"라고 요청하자, 책을 한 권도 가지고 있지 않은 사람이 대부분이었습니다. 속독 세미나에 참가하는 사람이 책을 가지고 다니지 않는다는 사실에, 저는 살짝 충격을 받았습니다.

그렇지만 그 자체를 나쁘다고 말하는 것은 아닙니다. 단순히 외출할 때는 책을 안 읽을 수도 있고, 독서 방식은 원래 자유로운 것이니까요. 단, 만약 '책을 읽고 싶다'라는 마음이 강하다면, 자투리 시간에 조금이라도 책을 읽기 위해서 책을 가지고 다니는 것이 자연스럽지 않을까요?

"그렇기는 한데…. 더 빨리 읽을 수 있다면 책을 읽을 거예요."
"책 읽는 속도가 느리고, 쉽게 책을 읽을 수 없어서 속독법을 배우고 싶어요."

이렇게 반론하는 분이 있을 것 같네요.
그러나, 그런 생각을 가지고 있는 동안에는 아무리 속독법을 배운다고 해도 절대로 속독할 수 없습니다. '책을 빨리 읽을 수 있게 된다면 책을 읽겠다'라는 말은, 역으로 '책을 빨리 읽을 수 있게 될 때까지는 책을 읽지 않겠다'가 되어 버립니다.

평소에 책을 그다지 많이 읽지 않는 사람이, 며칠간의 강습과 컴퓨터 프로그램을 통해 속독법을 배웠다고 해서 빨리 읽을 수 있게 되는 것은 아닙니다. '시작하며'에서도 언급했지만, 책을 빨리 읽을 수 있게 되려면, 속독 교실에서 훈련하는 속독 기술뿐만 아니라, 당신에게 이미 축적된 지식, 정보, 경험과 같은 지식 자본이 필요하기 때문입니다.

거꾸로 말하면 읽고자 하는 책의 내용에 관한 지식, 정보, 경험 등의 지식 자본만 있다면, 특별한 훈련을 하지 않더라도 속독할 수 있습니다.

- 잘 알고 있는 내용의 책은 빨리 읽을 수 있다.
- 한 분야의 책을 여러 권 읽으면 읽는 속도가 점점 빨라진다.
- 한 번 읽은 책을 다시 읽으면 처음 읽을 때보다 빨리 읽을 수 있다.

이런 경험을 해본 사람이 있을 것입니다.

지식 자본을 축적하는 방법은 다양한데, 가장 간단하고 효율적인 방법이 '책을 읽는' 것입니다. '속독할 수 있게 되면 좋겠다'라고 생각한다면, 속독 기술을 배우기보다, 우선은 책을 읽어야 합니다.

## 내가 속독할 수 있게 된 진짜 이유

잘난 척하며 말하고 있지만, 저도 '책을 빨리 읽을 수 있게 되면 좋겠다'라며 속독 기술을 갈망해왔습니다. 그래서 학창 시절부터 속독 교실에 다니기 시작했는데, 생각처럼 속독할 수 있게 되지는 않았습니다. 떠돌아다닌 속독 교실, 속독 강좌의 수만 해도 10곳 이상이고, 소비한 금액은 200만 엔[3]이 넘습니다.

그 결과, 확실히 속독 기술도 몸에 붙고, 책을 빨리 읽을 수 있게 되었습니다. 그리고 아주 최근까지도 제가 속독할 수 있게 된 이유는 속독 강좌에서 공부한 결과라고 생각했습니다.

그러나, 찬찬히 되돌아보니, 그것은 극히 일부에 지나지 않는다는 것을 깨달았습니다. 속독 기술을 몸에 익혀서라기보다, 속독 기술을 사용해서 많은 책을 읽었고, 그것이 지식의 양과 독서 경험을 증가시켜서 지식 자본을 축적했기 때문에 속독할 수 있게 된 것입니다.

### '독서 습관'은 '속독 기술'을 이긴다

그러나 많은 속독 교실의 홈페이지, 광고나 속독 책에서는 지식 자본의 중요성은 다루지 않고 "이 속독법을 배우면, ○분 안에 책 한 권을 읽을 수 있게 된다!"라고 말합니다.

애초에 한 권이라고 해도 책은 천차만별입니다. 페이지 수

---

3) 한화 약 1,900만 원 정도입니다(2025년 4월 기준). – 역자 주.

## 속독을 지탱해주는 지식 자본이란?

지식 · 정보 · 경험 → 지식 자본 × 속독 기술 = 속독력

예를 들면…

**A씨**
역사를 좋아하고
책을 자주 읽는다.
(지식의 양이 풍부)

**B씨**
학원에서 역사
선생님을 하고 있다.
(정보를 접할 기회가 많음)

**C씨**
대학에서 역사를
4년간 공부했다.
(경험치가 있음)

**3명 모두 속독 기술을 배우지 않아도
역사와 관련된 책이라면 빨리 읽을 수 있다!**

와 내용의 난이도 등 조건은 가지각색입니다. 그 난이도도 읽는 사람에 따라서 달라집니다. 자신이 잘 알고 있는 내용의 책이라면, 독서 속도도 빨라지고, 반대로 그다지 익숙하지 않은 내용의 책이라면 독서 속도도 느려집니다.

아무리 속독 기술을 몸에 익혔다고 해도, 그 책의 내용에 관련해서 아는 게 아무것도 없다면, 어려운 책이 어려운 책이라는 사실에는 변함이 없습니다. 당신이 평소에 책 읽기에 익숙한 사람이 아니라면 더욱 그렇습니다. 만약 속독 기술이 있다고 해도, 아무런 지식 자본도 없는 상태라면 읽을 수 있는 책은 한정됩니다.

당신이 법률 공부를 시작하고자 전문서를 집어 들었다고 가정합시다. 법률 관련 전문서는 초심자를 대상으로 하는 페이지 수가 적은 책이라도, 대다수 사람에게는 낯설고, 상당히 난도가 높습니다. 아무리 속독 기술을 배웠다고 해도, 곧바로 빨리 읽거나, 이해할 수 있을 리 없습니다.

그런데 일반 속독 학원에서는 무슨 이유 때문인지 지식 자본의 중요성은 언급하지 않습니다.

## 속임수에 속지 말자!

얼마 전에 TV를 보다가, 속독의 속임수와 맞닥뜨렸습니다.

어느 날 오후, 우연히 제 아들이 시청하던 아이들 대상 TV 프로그램에 '속독의 달인'이라는 사람이 등장해서, 속독에 관해 이야기하고 있는 것을 보게 되었습니다.

프로그램의 한 코너로 아주 짧은 시간이었지만, 그 프로그램을 보면서 '이래서 많은 사람이 속독에 환상을 품고, 좌절해 버리는 거야'라고 실망했습니다.

프로그램에 등장한 사람은 한 독서 교실의 강사였습니다. 짧은 문장을 이용해서 직접 속독 시범을 보여준 뒤, 스튜디오에 있는 아이들에게 속독 포인트를 가르쳤습니다.

거기서 전달하고자 한 속독의 포인트는, 속독이 '읽기'가 아닌 '보기'라는 것. 그리고 '보기'를 실감하고, 훈련하는 방법으로 다음과 같은 시험을 실시했습니다.

'바이올린'이라고 커다랗게 적힌 종이를 아주 잠깐 보여줍니다. 그것을 아이들이 '읽을 수 있는지' 어떤지를 시험해보는 것입니다. 아주 짧은 순간이기 때문에 '바 이 올 린'이라고 한 자 한 자 똑똑히 읽을 수 없어서 '소리를 내지 않고 보기'라는 것입니다. 잘 알고 있는 단어라, 잠깐 보기만 해도 단어를 포착하고 이해할 수 있습니다.

이 시험을 통해서 '읽지 않아도 이해할 수 있다!', '눈으로 보기만 해도 확실히 알 수 있다!'라는 식으로 약간의 경이로움이 생기게 됩니다. TV 스튜디오에 있던 아이들도 그런 반응이었습니다. 그러나 그런 단어 수준의 '소리로 내지 않고 보기'는 우리가 평소에도 하고 있는 것입니다. 예를 들어, 분식집이나 식당에 들어가서, 벽에 붙어 있는 메뉴를 볼 때를 떠올려 주십시오.

'쇼유(간장) 라면 600엔.'
'미소(된장) 라면 700엔.'

메뉴를 하나하나 '쇼 유 라 면'이라고 읽지 않아도 보는 순간 이해됩니다. 사실은 누구나 하고 있는 것입니다.

## 속독할 때 뇌는 어떻게 활동하고 있을까?

TV에서는 다음 훈련으로 이동했습니다.

앞에서와 마찬가지로, 큰 글자가 적힌 종이를 아주 잠깐 보여주는데, 이번에는 거기에 적힌 단어의 어순이 뒤죽박죽으로 되어 있습니다.

예를 들어, '론빵메'입니다. 이것은 '메론빵'을 뒤죽박죽 적은 것입니다. 이렇게 어순이 뒤죽박죽인 글자를 잠깐 보고, 올바른 단어로 대답하는 훈련입니다. TV에 나온 속독 강사는 "잠깐 보면서 입력한 정보를 뇌가 재조합해서 올바른 말로 만든다"라고 설명했습니다.

더 나아가 이번에는 어순이 뒤죽박죽인 속담을 아주 잠깐 보는 훈련으로 이동합니다.

'복이 참고 온다 견디면.'

이미 아시겠지만 '시작하며'에서 소개한 내용입니다.
이것은 '참고 견디면 복이 온다'를 뒤죽박죽 적은 것인데, 이 문장을 잠깐 동안 보고, 올바른 속담으로 답하는 훈련입니다. 스튜디오의 아이들은 술술 대답했습니다.

아주 짧은 순간이었는데, 어순이 제각각인 10글자 가까운 말을 이해할 수 있었다는 것으로 스튜디오에 있던 아이들은 깜짝 놀랐습니다. 제 아내도 함께 TV를 보며 "진짜네"라고 놀라며 감동했습니다. 당신도 "와!" 하며 감탄했을지도 모르겠네요.

하지만, 일단 눈으로 보고 입력만 되면 뇌가 처리해서 속독할 수 있다고 생각하는 것은 유감이지만 착각입니다.

## 책이 아닌 머릿속의 정보를 읽고 있다

'복이 참고 온다 견디면'을 봤을 때, 우리가 본 것은 단지 거기에 있는 글자일까요? 그렇지 않습니다. 가장 먼저 '속담'이라는 설정이 주어짐으로써 보기 전부터 뇌가 알아서 머릿속에 있는 '속담 데이터베이스'를 활성화시켜서 우리는 그것을 읽기 시작합니다.

그러고는 '참고'나 '복'과 같은 문자를 눈으로 보면서, 그

## 왜 속독할 수 있을까?

**복이 참고 온다 견디면**

속담 데이터베이스

**참고 견디면 복이 온다**

'복이 참고 온다 견디면'이라는 문자를 보는 것과 동시에
뇌 속에 있는 '속담 데이터베이스'의
'참고 견디면 복이 온다'를 보고 있으므로 바로 알 수 있다.

들 문자에 반응한 속담으로 자신의 머릿속에 있는 '속담 데이터베이스'에 있는 '참고 견디면 복이 온다'를 읽는 것입니다.

　인간은 외부에 있는 정보를 보고 있는 것 같지만, 사실은 머릿속에 있는 정보를 보고 있는 것입니다. 이것을 확실히 자각하지 않으면, 속독에 과대한 환상을 품게 됩니다.

　'복이 참고 온다 견디면'도, 그것을 본 당신이 '참고 견디면 복이 온다'라는 말을 이미 알고 있기 때문에 보기만 해도 이해할 수 있었던 것입니다.

　만약 몰랐다면 한순간에 알아채는 것은 불가능했겠지요. 애당초 한순간에 모든 문자를 포착하는 것도 불가능했을 것입니다.

　우선은, 이 '지식 등이 축적된 지식 자본이 있기 때문에 보기만 해도 이해할 수 있다'라는 중요한 포인트를 기억해둡시다.

　많은 속독 교실에서는 지식 자본에 대해서는 다루지 않고 '보기만 해도 이해할 수 있다'를 강조합니다. 그리고 속독 훈련을 쌓아서 속독 기술을 몸에 익히면, 단어나 짧은 문장만이 아니라 긴 문장도 보기만 해도 한순간에 이해할 수 있고, 더 나아가서는 한 페이지 전체를 '읽는 것이 아니라 보기만 해도 속독할 수 있다'라고 설명합니다.

**속임수에 속지 말자!**

1. 무항심 무항산 이다 이면

2. 못한다 조화를 이기지 사물은

3. 솥뚜껑 놀란다 보고 가슴 자라 놀란 보고

당신의 '속담 데이터베이스'에 없는 속담은
단숨에 알 수 없다!

1. 무항산이면 무항심이다.
2. 사물은 조화를 이기지 못한다.
3. 자라 보고 놀란 가슴 솥뚜껑 보고 놀란다.

그러나 거기에는 속임수가 있습니다. '보기만 해도 이해할 수 있다'를 위해서는 그 책의 내용에 관한 지식 자본이 필요하다는 내용이 숨겨져 있는 것입니다. 이것이 많은 사람이 속독에 환상을 품고 또한 도중에 좌절하는 까닭입니다.

### 고속으로 정보를 입력(Input)해도
### 머리 회전은 빨라지지 않는다

어쩐지 비관적으로 흘러버렸는데, 이것이 많은 속독 교실에서 가르치고 있는 '속독'의 현실입니다. 또한, 속독으로 빠르게 대량의 정보를 입력만 하면, 그것을 처리하기 위해 뇌가 활성화되어, 머리 회전이 빨라지고, 이해할 수 있게 된다'라고도 하는데, 그것도 파고들다 보면 지식 자본에 관한 이야기입니다.

가령, 일본어를 영어로 번역하는 컴퓨터 프로그램이나 일본어 변환 기능[4]을 떠올려 보십시오. 컴퓨터 CPU의 처리 능력

---

[4] 일본어 한자 표기 및 변환 방법은 일본어의 발음을 알파벳으로 입력하거나 일본어 자판에서 히라가나(가타카나)로 단어를 입력하면 변환 가능한 한자 후보가 표시되고, 그중에서 선택해서 입력하도록 되어 있습니다. - 역자 주.

이 아무리 뛰어나다고 해도, 일영 사전과 일본어 사전의 내용이 풍부하지 않다면 정확하고 신속한 번역과 일본어 변환은 불가능합니다.

속독 교실에 따라서는 계산 훈련과 논리 훈련 같은 훈련을 도입해서 이른바 '뇌 훈련'을 실시하는 곳도 있습니다. 확실히 훈련하면서 그 훈련 자체에는 익숙해지고, 성적은 오르겠지만, 그것이 일상적인 독서 속독에 얼마나 직결될지는 의문입니다. 그런 계산력, 논리력보다 정보와 지식 같은 지식 자본이 실제 속독에는 큰 영향을 미칩니다.

또한 속독 훈련의 일환으로, 2배속이나 3배속 빠르기의 음성을 듣는 훈련을 실시하는 곳도 있습니다. 고속으로 대량의 정보를 입력함으로써, 그것을 처리하려고 하는 뇌의 처리 능력이 높아져 머리 회전이 빨라지고 속독력이 붙는다는 것입니다. 저도 이런 훈련을 해본 적은 있는데, 이것도 머리 회전이라고 하기보다는 지식 자본의 문제입니다.

2배속 정도라면 처음부터 어느 정도는 들립니다. 그러나 3배속, 4배속으로 빨라지게 되면 내용을 듣고 바로 이해하기는 어렵습니다. 그런데도 반복해서 듣다 보면, 확실히 들리는 것 같은 느낌은 받게 됩니다. 그러나 그것은 단순히 같은 내용을 반복해서 듣는 동안에 지식 자본에 축적되거나, 내용을 기억해버리기 때문에 그런 것입니다.

　4배속의 음성을 듣고 이해할 수 있게 되었다고 해서, 머리 회전 속도가 지금까지의 4배가 된 거냐고 하면 그것은 아닙니다. 아예 처음 듣는 음성을 다짜고짜 4배속으로 들어보면 알 수 있을 것입니다.

　즉
'지식 자본(지식, 정보, 경험 등)이 많은 사람일수록 책을 빨리 읽을 수 있다'
　라는 것입니다.

**SECTION 02**
# 속독에 대한 오해를 푼다

## 읽는 속도를 올려도 '속독'이라고는 할 수 없다

제대로 된 이해를 수반하는, 정말로 효율적인 속독을 고려할 경우, 속독력은 다음 식으로 나타낼 수 있습니다.

속독력 = 속독 기술 × (지식, 정보, 경험 등의) 지식 자본

이 식을 보고 '역시 속독 기술을 습득해야 한다'라고 생각했을지도 모르겠네요. 확실히 속독은 당신이 지금까지 익숙했고 친숙했던 읽기 방법과는 다릅니다.

많은 사람이 책을 읽을 때, 처음부터 한 자 한 자 글자를 마음속으로 이해하려고 하며 읽을 것입니다. 속독은 그런 기존

의 읽기 방법의 속도를 올리는 것이 아닙니다. '속독'이라는 다른 읽기 방법으로 전환한다고 생각하는 쪽이 이해하기 쉬울 것입니다.

그러므로 속독이라는 읽기 방법이 어떤 것인지를 이해하고, 속독으로 전환하기 위한 기술을 파악할 필요가 있습니다.

그런 의미에서 속독 기술은 필요하지만, 속독 기술을 위해서 속독 교실에서 실시하고 있는 눈 훈련 같은 특별한 훈련이 꼭 필요한 것은 아닙니다. 당신이 실제로 읽고 싶은 책을 읽으면서 속독 기술을 포착할 수 있습니다. 지금부터 설명하겠지만, 속독 기술 습득의 열쇠가 되는 것도 사실은 지식 자본입니다.

우선은 속독 교실에서 진행하는 속독 훈련을 소개하면서, 도대체 속독 훈련의 훈련 기술이란 무엇인지, 그리고 속독이란 어떤 읽기 방법인지 풀어내봅시다.

## 눈을 빠르게 움직이는 것은 아니다

속독이라고 하면 눈을 빨리 움직여서 읽는다고 생각하는 사람이 많을 것 같은데, 그렇지 않습니다.

확실히 속독 교실에서 초반부에 실시하는 훈련 중에 '시점 이동 훈련'이라는 것이 있습니다. 44페이지의 앞부분에 있는 시트가 사용됩니다.

그러나 이 훈련은 눈을 빨리 움직이는 훈련이 아니라 그 반대입니다. 눈을 움직이지 않고, 편하게 ■를 인식하는 훈련입니다. 실제로 속독하고 있을 때 눈의 움직임은 오히려 적어집니다. 차분하게 안정된 상태입니다.

빨리 보려고 할 필요는 없습니다. 처음에는 천천히 신중하게 보고 있으면 됩니다. 목표는 ■를 보려고 하되, 몰두해서 열심히 보는 것이 아니라, 편하게 보고 있는 상태, 멍하게 ■를 인식하고 있는 상태입니다.

당신이 분식집에 들어가서 벽에 적혀 있는 메뉴나, 메뉴판을 볼 때, 마트에서 '오늘 저녁은 뭐할까?' 고민하며 매대를 둘러볼 때를 떠올려 주십시오.

그때, 거기에 적혀 있는 글자를 하나하나 천천히 읽는 게 아니라 가볍게 보고 있겠죠. 소리를 내려고 하지 않아도 자연스럽게 머릿속에서 소리가 울리는 그런 상태입니다.

**시야를 넓게 유지하면서, 편한 상태로 자연스럽게 눈이**

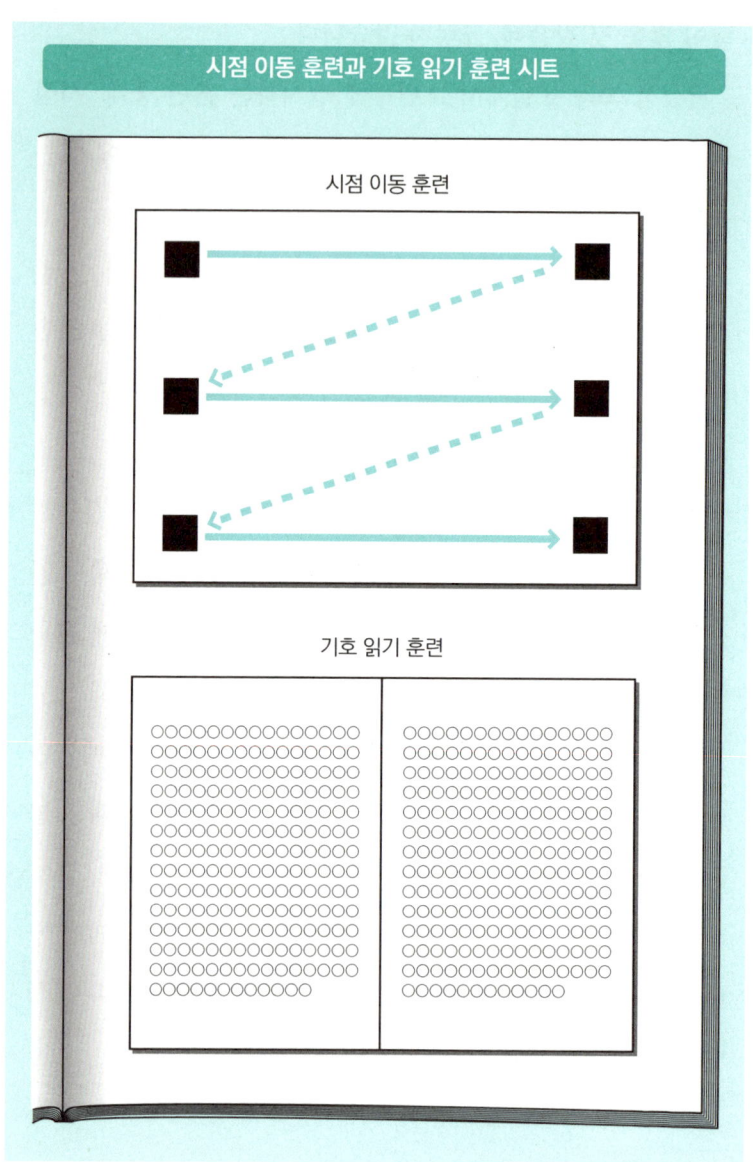

움직이기 때문에, 눈이 빨리 움직이는 것은 아니지만 결과적으로 신속하게 포착할 수 있는 것입니다.

## 한눈에 페이지 전체를 읽을 수 있게 되는 것은 아니다

이렇듯 시점 이동 훈련에서 목표로 하는 것은, 편한 상태로 시야를 넓게 유지하는 것입니다. 단, 시야를 넓게 유지한다고 해서 시야가 넓어져서 한 번에 몇 줄씩, 더 나아가 한 페이지 전체를 읽을 수 있게 되는 것은 아닙니다.

속독이라고 하면 페이지를 재빠르게 넘기면서 후딱 페이지 단위로 읽어가는 이미지를 가지고 있을지도 모릅니다.

그러나 훈련을 통해서 읽을 수 있는 시야가 넓어지지는 않습니다. 속독 교실에는 '시야 폭 확대 훈련'과 '시야 확대 훈련'이라고 불리는 훈련이 있기는 합니다. 46페이지에 있는 시트로 훈련하는데, 시야를 넓히고 한눈에 읽을 수 있는 문자량을 증가시키려고 하는 것입니다.

인간의 시야는 '중심 시야'와 '주변 시야'라는 2개의 시야로 나뉩니다 '중심 시야'란 어떤 글자인지를 정확히 확

## 시야 확대 훈련 시트

| 하늘 하늘 하늘 하늘 하늘 하늘 하늘 하늘 |
|---|
| 바다 바다 바다 바다 바다 |
| 강 강 강 |
| 강 산 강 |
| 강 강 강 |
| 바다 바다 바다 바다 바다 |
| 하늘 하늘 하늘 하늘 하늘 하늘 하늘 하늘 |

단, 만약 중심 시야가
넓어지지 않더라도
속독에는 영향이 없다.

인할 수 있는 시야입니다. 한편 '주변 시야'란 그야말로 '중심 시야'의 주변에 있는 시야로, 거기에 무언가 글자가 적혀 있다는 것은 알지만, 어떤 글자인지는 인식 불가능한 시야입니다.

예를 들어, 실제로 당신이 '지금 읽고 있는 부분'이라는 문장에 초점을 두었을 때, 10글자 정도는 어떤 글자인지 인식할 수 있을 것입니다. 이것이 중심 시야입니다. 그러나 그 주변의 글자는 어떤 글자가 적혀 있는지 초점을 거기로 옮기지 않으면 알 수 없습니다. 이것이 주변 시야입니다.

'시야 폭 확대 훈련'과 '시야 확대 훈련'은 이 주변 시야를 중심 시야로 만들려고 하는 훈련인데, 제 경험으로 볼 때, 중심 시야가 넓어지는 효과는 없었습니다. 그렇다고 해도 속독에 영향은 없습니다.

주변 시야를 중심 시야로 만들기보다, 중요한 것은 '시점 이동 훈련' 때와 마찬가지로, 편한 상태로 중심 시야, 주변 시야 관계없이, 시야를 넓게 유지하며 보는 것입니다. 덧붙이자면 주변 시야를 활용해서 '앞으로 앞으로'라는 의식을 가지고 읽는 것입니다.

'앞으로 앞으로'를 조금 더 구체적으로 설명하자면, 어떤 행의 글자를 보는 것과 동시에 다음 행을 주변 시야로 파악해두고, 자연스럽게 다음 행으로 이동하는 것입니다.

그렇게 하기 위해서라도 편한 상태로 있을 필요가 있습니다. 눈앞의 것에 집중하면서 다음에 자신이 무엇을 할지 의식합니다. 업무를 할 때도 덤벙덤벙 성급하게 하는 것보다 그런 상태인 것이 결과적으로 업무를 빠르게 처리할 수 있습니다.

## 글자를 소리 내어 읽는 버릇을 없앤다

지금까지 설명했듯이, 속독이란 '편한 상태로, 시야를 넓게 유지하며 보기'라고 할 수 있습니다. 이것은 분식집에서 메뉴를 볼 때나, 슈퍼에서 가격표를 볼 때처럼 이미 누구나 하고 있습니다.

하지만 그렇다고 속독도 금방 할 수 있는 거냐고 묻는다면 그것은 엿장수 마음입니다. 책을 읽으려고 하면, 대부분의 사람이 '편한 상태로 시야를 넓게 유지하며 보기'를 하지 못합니다.

정반대로 '한껏 긴장하고 좁은 시야로 보기' 상태가 되어버립니다.

이것은 오랜 시간 동안 몸에 밴 버릇이 원인입니다. 그 버릇이란,

● 소리를 내서 읽는 버릇(음독, 또는 묵독하는 버릇)

지금 이 순간, 당신에게서 이 버릇이 나오지 않았나요?

'지금, 이, 순간, 당신, 에게서, 이, 버릇, 이, 나오지 않았나요' 라고 마음속으로 소리를 내듯이, 입술 언저리가 아주 약간이라도 움직이지 않았나요?

이번에는 소리를 아예 내지 말고, 다음 문장을 봐주세요.

'지금 이 순간, 당신에게서 이 버릇이 나오지 않았나요?'

소리를 내려고 하지 않아도, 이 문장의 의미를 파악할 수 있었을 것입니다.

그렇다고 소리를 모두 없애려고 할 필요는 없습니다. 소리

를 내지 않으면 됩니다. 그렇게 하면 소리가 완전히 사라진 것은 아닌데, 머릿속에서 어떤 소리가 울리는 것 같은 느낌이 들 것입니다.

이렇듯 우리는 소리를 내지 않아도 의미를 파악할 수 있음에도 불구하고, 책같이 긴 문장을 읽을 때는, 특히 '소리를 내서 읽는' 버릇이 나와버립니다.

소리를 내기 위해서는 한 글자 한 글자로 의식이 향해서, 시야가 좁아집니다. 또한 소리를 내려고 하면서 시간이 걸리게 되고, 눈의 움직임이 느려집니다.

편한 상태로 시야를 넓게 유지하며 보기 위해서는, 이 소리내는 버릇을 없애는 것이 필수 불가결합니다. 이를 위해서 속독 교실에서는, 44페이지에 있는 ○나 □같은 기호가 한 면에 줄줄이 나열된 책을 사용해서 '기호 읽기 훈련'이라고 불리는 훈련을 합니다. 기호라는 의미가 없는 것을 사용해서 '소리를 내지 않고 보기'를 습관화하는 것입니다.

기호라고는 해도, 책의 형태로 줄줄이 나열되어 있으면, 처음에는 무의식중에 평소의 책 읽기 버릇이 나옵니다. 그렇지만 하나하나 '동그라미'나 '사각형'이라고 계속해서 읽는 사람은 없으므로, 이것을 통해서 '소리를 내지 않고 보기'라는 감각에 길드는 것입니다.

## '이해하려고' 하니까 느려진다

그리고, ○나 □같은 기호 다음은 '가'나 '나'만으로 이루어진 의미가 없는 문자가 나열된 책을 사용해서 한층 '소리를 내지 않고 보는' 훈련을 실시합니다.

무의미하다고는 하지만, 지금까지의 버릇 때문에 무심코 글자를 중얼중얼 읽어버릴 것 같습니다. 하지만, 그 행동을 멈추고 '소리를 내지 않고 보기' 훈련을 실시합니다.

그리고 마지막으로 의미가 있는 문장이 나열된 책으로 '보기' 훈련을 실시합니다.

○나 □, 그리고 무의미한 글자 훈련으로, 서서히 길들고, 기억하게 된 '읽지 않고 보기' 감각을 사용하는 것인데, 여기서 커다란 난관에 봉착하게 됩니다. 또 하나의 버릇이 얼굴을 내밀기 때문입니다. 그 버릇은 다음과 같습니다.

● **적혀 있는 내용을 '이해하려고' 하는 버릇**

지금 이 순간에도, 자연스럽게 당신에게서 그 버릇이 나오고 있을 것입니다.

의미가 있는(있을 것 같은) 문장을 보면, 우리는 자연스럽게 그 의미를 이해하려고 합니다. 그렇게 되면 모르는 부분에 의식이 집중되어, 시야가 좁아집니다. 그리고 이해하려고 하니까 글자를 단순히 보는 것이 아니라 소리를 내려고 합니다.

책을 읽는 것은 책의 내용을 '이해하기' 위해서이기 때문에 '이해하려고' 하는 것은 자연스러운 현상입니다. '이것은 어쩔 수 없다'라고 생각할지도 모르지만, 사실은 속독은 '이해하려고' 하는 생각을 떼어 놓는 것입니다.

한 속독 교실에서는 '과연 그렇군'이라고 주문을 외우듯 소리 내며 읽기를 추천합니다. 그 밖에도 속독 교실에 따라서는, '마음의 진정(Calm Down)을 만든다', '수동적으로 집중한다'와 같은 말로 이해하려는 생각 떼어놓기를 설명하는 경우도 있습니다. 마음을 안정시키고, 그저 단지 책의 글자와 내용을 받아들이며, '이해하려고 하지 않고 보기' 상태를 만들어가는 것입니다.

'이해하려고' 하는 마음을 떼어 놓으면, 아무리 의미가 있는 글자라도 ○나 □같은 기호와 마찬가지로 '소리를 내지 않고 보기'가 가능해집니다. 편한 상태로 시야를 넓게 유지하고 보는 것이 가능해져서 빨리 읽기, 즉 속독할 수 있는 것입니다.

책을 읽는 것은, 단지 거기에 적혀 있는 글자를 보기 위해서가 아니라, 내용을 이해하기 위해서이므로, 이 '이해하려고 하지 않고, 소리를 내지 않고 보기'라는 것은 대부분의 사람들에게 잘 와 닿지 않을지도 모릅니다.

사실은 이것이 기존의 읽기 방법과 속독을 구별하는 큰 포인트입니다. 그리고 속독을 이해하고, 자유자재로 사용할 수 있는 뼈대가 되기도 합니다. 이 '이해하려고 하지 않고 소리를 내지 않고 보기'라는 것이 속독 기술의 핵심이며, 속독이 목표로 하는 것입니다.

## 지금까지의 독서와는 읽는 방법이 다르다

지금까지 속독 교실에서 진행하는 속독 훈련을 소개하면서, 속독 기술에 관해 설명했습니다. 속독이란, 편한 상태로 시야를 넓게 유지하며 보는 읽기 방법입니다. 그러므로 '소리를 내지 않고 보기', '이해하려고 하지 않고 보기'라는 속독 기술을 사용해서 읽는 것입니다.

'그런 읽기 방법으로 이해할 수 있을까?'라고 생각할지도 모르겠는데, 읽고 있는 책에 관한 지식, 정보, 경험 등의 지식 자본이 있다면 이해할 수 있습니다. 단, 이해한다, 안다고 하는 감각이 기존의 읽기 방법과는 조금 다릅니다.

'말을 소리로 내지 않으면, 읽은 것 같지 않다'라는 사람이 있을지도 모르겠는데, 속독과 지금까지의 읽기 방법과는 이해, 안다는 감각이 다릅니다. 속독은 기존의 읽기 방법의 연장, 속도를 올린 읽기 방법이 아니라, 질이 다른 읽기 방법입니다. 그리고 어느 쪽이 좋다, 나쁘다 또는 얕다, 깊다는 이야기가 아닙니다. 쉬운 예로 '읽기'가 아닌 '듣기'로 생각하면 그 차이를 파악할 수 있을 것 같습니다.

- 상대의 말을 들을 때 하나하나 그 의미를 확인하거나, 논리적 모순이 없는지도 체크하면서 듣는 것
- 상대가 하는 말의 세세한 부분에는 얽매이지 않고, 상대의 기분 등을 느끼면서 일단은 무조건 듣는 것

당신은 주로 어떤 방법으로 듣나요?

물론, 경우에 따라 다를 것이고, 두 가지를 조합시켜서 들을 것입니다. 이것도 어느 쪽이 좋다 나쁘다, 얕다 깊다가 아닙니다.

전자 쪽이 말의 의미에 대한 오해가 사라질 것입니다. 단, 한편으로는 너무 세세한 부분에 얽매여서, '나무를 보고 숲을 보지 못한다'가 되어, 중요한 내용을 포착할 수 없을지도 모릅니다.

또한 후자는 상대의 입장에 서서, 상대의 주장을 잘 이해할 수 있지만, 논리적인 체크나 비판적인 시점을 잃게 될 수도 있습니다.

걸리는 시간으로 따지면 전자의 듣기 방법은 말의 의미를 하나하나 확인하거나, 논리를 체크하기 때문에, 후자의 듣기 방법보다 듣는 시간이 길어질 것입니다.

속독은 후자의 듣기 방법에 가까운 읽기 방법입니다. 우리 몸에 배어 있는 읽기 방법은 전자의 듣기 방법에 가까운 읽기 방법이라고 할 수 있을 것입니다. 속독의 이미지를 파악하기 위한 하나의 참고로 해주십시오.

속독 교실에서는 다양한 훈련을 실시하면서, 독서를 할 때 기존의 읽기 방법으로 물들어 있는 버릇을 떨쳐내고, 새로운

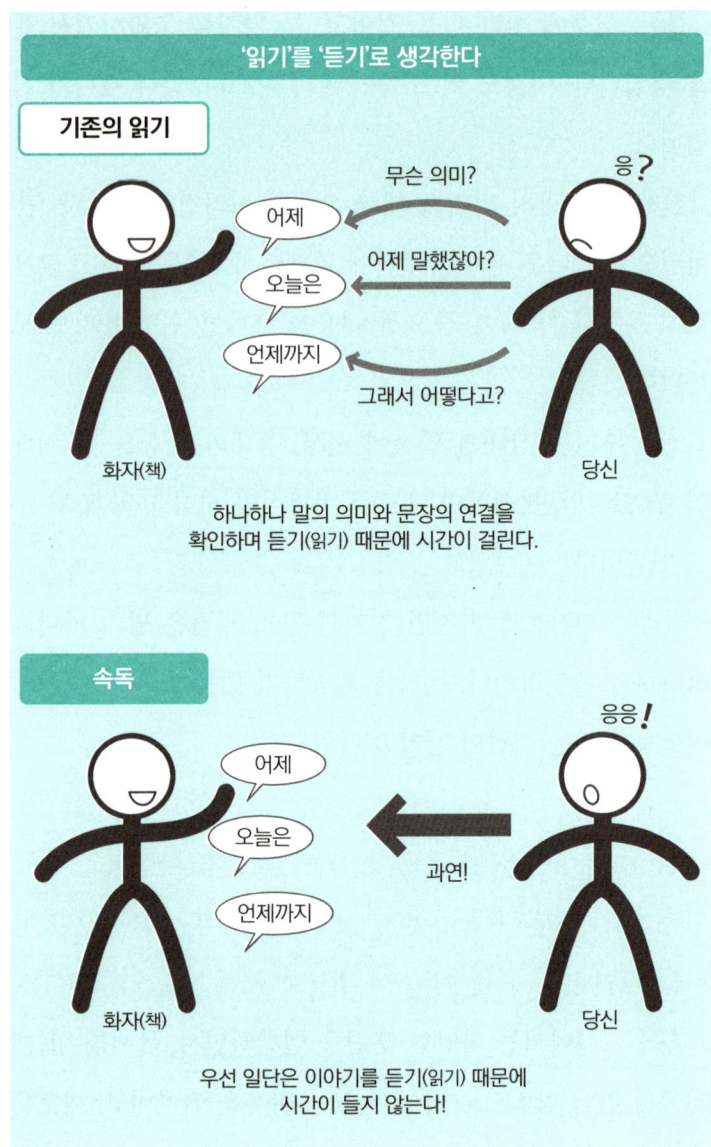

읽기 방법인 속독으로의 전환을 촉구하고 있다고도 할 수 있습니다.

그럼 다음 섹션에서는 바로 실제로 속독 체험을 해보도록 합시다.

# SECTION 03
# 속독 강좌에 다니지 않아도 된다

## 속독을 바로 체험해볼 수 있는 '유사 속독 훈련'

 이 책이든, 당신이 읽고 싶은 책이든 상관없으니, 아무 책이나 그 책 속에서 단락을 하나 골라서, 우선 그 부분을 한번 읽어 봐주십시오. 기존의 읽기 방법으로 상관없습니다.

 한번 다 읽었다면, 다시 한번 읽어 봐주십시오. 아마도 처음보다 쉽게 읽을 수 있지 않았나요? 이번에는 일부이기는 해도 '소리를 내지 않고 보기', '이해하려고 하지 않고 보기'가 자연스럽게 실현되었을 것입니다.

 그럼 다시 한번 읽어 봐주십시오. 이번에는 가능하면 '소리를 내지 않고 보기', '이해하려고 하지 않고 보기'를 의식하면서 봐주십시오. 두 번째보다도 한층 더 쉽게 읽을 수 있게 되었을 것입니다.

　나열된 글자에도 익숙해졌고, 내용도 상당 부분 이해했고, 머릿속에 내용이 들어 있기 때문에, '이미 아는 내용이네'라는 느낌으로, 순식간에 볼 수 있었을 것입니다. 그리고 소리를 내지 않아도 '이해하려고' 하지 않아도 이해가 되고, 의미를 파악했을 것입니다.

　바로 지금, 같은 내용을 세 번 보면서 경험한 감각, 읽기 방법. 그것이 속독입니다.

　'뭐? 이 정도로 된다고?'

　그런 생각이 들지도 모릅니다. 그런데 실제로 됐잖아요?
　사실 지금 실시한 것은, 속독 교실에서 '유사 속독 훈련'이라고 부르는 훈련입니다. 같은 문장을 여러 번 반복해서 읽으면, 속독할 때와 동일한 감각을 잡을 수 있기 때문에, 속독의 감각을 파악하기 위해 실시합니다.

　여기서 알 수 있는 것은, '이해하려고' 하지 않고, 편한 상태로 시야를 넓게 유지하면서 보는 속독 기술은, 이런저런 특별한 훈련을 하지 않아도, 반복해서 읽는 것만으로 익힐 수 있다는 것입니다.

한 번, 두 번 읽으면서 당신은 그 문장에 관한 지식과 정보, 그리고 그것을 읽었다는 경험을 축적했습니다. 즉 '지식 자본'을 축적한 것입니다.

이 '지식 자본'이 있으면 속독 기술은 자연스럽게 발휘될 수 있습니다. 본다, 읽는다는 것은 '눈'으로 하는 것 같지만, 사실은 '머리'로 하고 있기 때문입니다.

'복이 참고 온다 견디면'을 보는 실험을 기억하고 있나요?

사람은 백지 상태에서 보거나, 읽는 것이 아니라, 머릿속에 있는 지식 자본을 참고하면서 예측하거나, 이미지를 부풀려가며 보거나 읽습니다.

## '속독 환상'에 돈과 시간을 낭비하지 말자!

이처럼 '소리를 내지 않고 보기', '이해하려고 하지 않고 보기'와 같은 속독 기술을 발휘하기 위해서, 읽는 사람이 가지고 있는 지식 자본은 중요한 요소입니다. 그러나 많은 속독 강좌나 속독을 배우는 사람들은 속독의 기술에만 초점을 맞춰버립니다. 그래서 너무 멀리 돌아가고 있습니다.

확실히 강좌는 기술을 가르쳐주는 곳이기 때문에, 속독 강좌가 속독 기술에만 초점을 맞추는 것은 당연한 일인지도 모릅니다.

그러나 '빨리 읽으면 뇌의 잠재능력이 개발된다'라거나 '그냥 보기만 해도 잠재의식에 모두 다운로드 된다'와 같은 설명으로, 기술만 습득하면 속독할 수 있다는 환상을 주는 것은 좀 억지스럽지 않나요?

지식 자본의 중요성을 외면하고, 속독 기술 하나로 독주하기 때문에, '이런 읽기 방법으로는 내용을 이해할 수 없다'라고 속독을 좌절하는 사람이 나오거나, '속독 따위 얄팍한 읽기 방법이다'라는 비판이 나오게 되는 것입니다.

앞서 소개한 것처럼, 같은 문장을 반복해서 읽고 속독의 감각을 파악하는 것을, 속독 강좌에서는 '유사 속독 훈련'이라고 부릅니다.

그러나, 저는 이것을 '유사'라고도 '훈련'이라고도 생각하지 않습니다. 오히려 이것이야말로 속독 그 자체입니다. 속독하는 데 필요한 지식 자본을 쌓고, 지식 자본을 이용해서 속독 기술을 발휘하고 있기 때문입니다.

## 어려운 문장은 빨리 읽을 수 없다?

'시작하며'에서 속독 책의 '10배 빠르게', '한 권에 10분', '하룻밤 사이에 5권'이라는 것은 사실이기도 하고, 거짓이기도 하다고 기술했습니다.

누구나 알고 있는 동화나 쉬운 한자만 나오는 착한 문장을 읽을 때, 처음부터 한 자 한 자 묵독하는 기존의 읽기 방법이 아닌, 속독 기술을 사용한다면, 이해도는 떨어지지 않고, 읽는 속도는 빨라집니다.

또한 속독 강좌에서 독서 속도를 측정할 때는 일반적으로 동일한 문장으로 실시하기 때문에, 여러 번 읽는 동안에 내용에 관한 지식 자본이 축적되어, 독서 속도가 빨라지게 됩니다.

그러나 현실 생활에서 독서를 할 때는 좀처럼 '속독할 수 있게 되었다!'라고 실감하지 못합니다. 빨리 읽는데 이해는 안 되고, 이해하려고 하면 빨리 읽을 수 없습니다.

그 이유는 실제로 책을 읽을 때는 자신이 모르고 있는 내용의 책이 많기 때문입니다. 그 책에 관한 지식 자본이 없으므로 '보는 것만으로 이해되는' 일은 일어나지 않습니다.

속독 강좌를 수강하고 '독서 속도가 빨라졌다'라고 만족

하는 사람도 있는데, 그런 사람은 대부분 지금까지 상당히 많은 책을 읽은 사람입니다.

지금까지의 독서 경험을 통해서 상당한 지식 자본이 축적되어 있고, 지금까지 알지 못했거나 혹은 사용하지 않았던 속독 기술을 사용하게 되면서, 이해도는 유지하면서 독서 속도를 올릴 수 있기 때문입니다.

그러나 지식 자본이 없다면 속수무책입니다. 모르는 부분을 보는 것만으로 뇌가 스스로 알아서 처리하고, 바로 이해할 수 있게 될 리가 없습니다.

'그거 너무한데…'라고 생각할지도 모르겠지만, 속독 교실에서 제공하고 있는 '속독'이란 그런 것입니다. 실제로 '내용을 알고 있는 책은 속독이 가능하지만, 내용을 모르는 책은 속독이 불가능하다'라고 정색하는 속독 교실도 있을 정도입니다.

그러나 많은 사람에게 있어서 독서란, 새로운 지식을 쌓기 위해, 미지의 문을 열기 위해 실시하는 것이죠. 독서 속도가 빨라질 거라는 기대를 하고 속독을 배우기 시작했는데, '내용을 모르는 책은 속독할 수 없다'라는 이야기를 듣게 되면 본말전도라는 생각이 들지 않을까요?

여기에 '속독'에 대한 기대와 현실 사이의 큰 차이가 있습니다.

## 속독 기술을 습득하는 열쇠도 지식 자본에 있다

속독에 필요한 것은 속독 기술과 지식 자본입니다.

속독력 = 속독 기술 × (지식, 정보, 경험 등의) 지식 자본

속독 기술이란, '소리를 내지 않고 보기', '이해하려고 하지 않고 보기'이며, 많은 속독 교실에서 이것을 다양한 훈련을 통해 몸에 익히도록 합니다. 그것은 확실히 효과도 있고, 제가 이것을 부정하는 것은 아닙니다.

그러나 지식 자본이 없어서는 안 되는 요소인 데 반해, 속독 기술 자체는 지식 자본만 있으면 편하게 발휘할 수 있습니다. 즉, 지식 자본을 축적하면, 속독 기술은 뒤따라오게 됩니다.

따라서, 많은 속독 교실에서 실시하고 있듯이, 속독 기술에 중점을 두기보다는, 지식 자본에 중점을 두는 쪽이 결과적으로 속독력을 빠르게 몸에 익힐 수 있습니다.

독서에 관한 다양한 저서를 집필하고 있는 사이토 다카시

(齋藤孝), 메이지대학 교수는 《독서력》(와카나미신서)에서 "독서는 '지능 지수'로 하는 것이 아니다. 오히려 책을 읽어서 그 축적으로 하는 것이다"라고 말합니다.

독서 교실에 다니며 다양한 훈련을 통해서 속독 기술을 몸에 익히려고 하기보다, 일단은 무조건 '책을 읽는' 것으로 지식 자본을 늘리는 게 좋습니다. 속독 기술을 훈련하는 것이 아니라, 책을 많이 읽어서 지식 자본을 축적하면, 결과적으로 속독 기술도 발휘할 수 있게 됩니다.

### 속독법 개발자가 실시한 훈련법이란?

엉터리 같지만, 이것은 속독법을 탄생시킨 속독의 아버지가 실시한 방법이기도 합니다.

일본에서 가르치고 있는 속독법의 원류를 예로 들자면, 그것은 구미에서 온 것과 한국에서 온 것으로 나뉩니다. 그리고 한국의 속독법을 탄생시킨 것이 바로 박화엽 교수[5]입니다.

---

5) 원서에는 박화엽 씨로 표기되어 있으나, 번역본에는 박화엽 교수로 표기했습니다. - 역자 주.

그가 실시한 방법은, 단순히 무작정 '책을 읽는' 것이었습니다.

《속독의 과학》(사사키 토요후미(佐々木豊文), 코부샤)에는 박화엽 교수가 속독에 도전하기 시작했을 당시의 모습이 다음과 같이 쓰여 있습니다.

"그 읽기 방법은 이해를 목적으로 하지 않고, 무작정 오로지 글자를 따라가기 위해 연필과 손가락으로 모방하며 읽을 뿐이었다. 그 성과는 3, 4개월 후에 조금씩 나타나기 시작했다.
독서 속도가 빨라지기 시작한 것이다. 이번에는 도서관에서 두꺼운 영어책을 빌려서, 마찬가지로 이해하는 것은 신경 쓰지 않고 글자만을 따라가는 방법으로 1년 동안 500권을 읽었다고 한다. 그때도 읽고 바로 이해할 수 있을 거라고는 기대하지 않았고, 실제로 1년간은 그런 상태가 계속되었다.
3,000권을 독파했을 무렵에는, 자신의 허리춤 정도까지 오는 높이의 책을 하루 만에 읽을 수 있게 되어 있었다."

속독법을 탄생시킨 사람의 속독 훈련이란, 무작정 '책을 읽는' 것이었습니다. 우선은 '이해하려고' 하지 않고,

이해는 뒷전으로, 무작정 글자를 쫓는 것에 골몰해, 무조건 많은 책을 읽은 것입니다.

처음 1년 동안은 이해가 수반되지 않았지만, 그사이에도 지식 등의 지식 자본은 급속하게 축적되었습니다. 그리고 점차 축적된 지식 자본 덕분에, 깨닫고 보니, 이해하려고 하지 않아도, 이해되고 빨리 읽을 수 있게 된 것입니다.

확실히 박화엽 교수는 처음부터 '이해하려고 하지 않고 보기'라는 속독 기술을 사용했지만, 실제로 책의 내용을 이해하고 진짜 속독하기 위해서는 일단은 책을 많이 읽어서 지식 자본을 축적할 필요가 있었던 것입니다.

그러나, 이것이 어느 틈에 '이해하려고 하지 않고 보기'라는 속독 기술만 남은 게 지금의 '속독'입니다. 지식 자본과 그것을 축적하기 위한 '책 읽기'의 중요성은 겉으로 드러나지 않은 채 이른바 '속독 기술법'이 된 것입니다.

단순히, 속독법을 탄생시킨 박화엽 교수의 방식을 따르자면, 속독 훈련을 하지 않더라도, 일단 처음에는 '이해하려고' 하는 생각을 버리고, 책을 읽어서, 지식 자본을 축적하면, 자연스럽게 속독 기술을 사용할 수 있게 되고, 나아가서는 이해하면서 책을 빨리 읽을 수 있게 되는 것입니다.

## 누구나 바로 실천할 수 있는 '고속 대량 회전법'

실제로 대학의 연구원이나 평론가처럼, 일로써 독서를 하는 사람의 독서량은 장난이 아닙니다. 그리고 속독 훈련을 받지 않았음에도 불구하고, 그들이 책을 읽는 속도는 엄청나게 빠릅니다.

기업 경영자 중에도 많은 독서가가 있는데, 인상적이고 다양한 경험을 쌓고, 많은 독서 체험을 가진 그들의 독서 속도도, 역시 빠릅니다.

그렇다면, 지금까지 독서를 하지 않았던 사람을 비롯한 지식 자본의 기반이 없는 사람은 어떻게 하면 좋을까요? 속독법의 아버지인 박화엽 교수처럼 처음에는 이해를 포기하고 무작정 글자만을 따라가면서 몇백 권이나 책을 읽을 수밖에 없는 것일까요?

하지만, 저는 이해도 못 하면서 책을 몇백 권이나 마냥 읽는다는 것을 상상도 할 수 없고, 아무나 할 수 있는 일은 아닙니다.

그렇다면 원래의 읽기 방법으로 착실히 천천히 읽는 수밖에 없는 것일까요?

　그렇지 않습니다. 지식 자본이 속독의 큰 요소라는 사실과 제대로 마주하면 그것을 활용해서 속독할 수 있습니다.

　이미 설명했듯이, 읽고자 하는 책의 내용에 관한 지식 자본이 있다면, 특별히 훈련하지 않아도 속독할 수 있습니다. 자연스럽게 '소리를 내지 않고 보기', '이해하려고 하지 않고 보기'와 같은 속독 기술을 사용해서 빠르게 읽으면서 이해도 가능합니다.

　그리고, 앞으로 읽고자 하는 책에 관한 지식 자본이 없더라도, 지식 자본을 빠르고 효율적으로 축적하면 됩니다.

　단, 이를 위해서는 '콜럼버스의 달걀'과 같은 대담한 발상의 전환이 필요합니다.

　그렇다면 그 발상의 전환이란 도대체 어떤 것일까요?

　다음 장에서 책의 내용에 관한 지식 자본이 없어도 속독하는 방법인 '고속 대량 회전법'에 대해 전달하겠습니다.

# '고속 대량 회전법'으로 속독을 실현하다!

## SECTION 04
# '반복'한다는 발상이 모든 것을 해결한다

### 기존 속독법의 결점을 극복한다!

챕터 1에서 설명했듯이, 속독 기술과 지식 자본의 두 가지 요소가 속독 가능 여부에 관여합니다.

속독력 = 속독 기술 × (지식, 정보, 경험 등의) 지식 자본

그러나 지금까지의 속독법은 속독 기술에만 초점을 맞추고 있어서 지식 자본의 중요성은 소홀히 여겨졌습니다. 그런 이유로, 다음과 같은 결점이 있었습니다.

● 속독 기술을 습득하기 위해서는 다양한 훈련이 필요하고, 이를 위

해서는 시간과 돈이 든다.
● 관련된 지식 자본을 가지고 있는 책은 이해할 수 있지만, 지식 자본이 없는 책은 이해할 수 없다.

이 결점을 극복하기 위해서는 지식 자본에 초점을 두고, 지식 자본을 효율적으로 축적할 필요가 있습니다.

### 지식 자본의 축적이 중요하다

그렇다면, 지금부터 읽으려고 하는 책에 관한 지식 자본을, 가장 풍부하게 가지고 있는 것은 무엇일까요?

그렇습니다. 그것은 지금부터 읽으려고 하는 책 그 자체입니다. 그리고 그 지식 자본을 축적하기 위해서는 그 책을 읽으면 됩니다. 그런데 지금부터 '그 책을 읽는다'라고 하는 것은 그 책을 속독하고 싶은 것입니다. 그렇다면 '닭이 먼저인지, 달걀이 먼저인지'의 이야기가 됩니다.

여기서 필요한 것이 '콜럼버스의 달걀'과 같은 대담한 발상의 전환입니다.

그 발상의 전환이란 '반복해서 읽는' 것입니다. 같은 책을 반복해서 읽으며, 그 책에 관한 지식 자본을 축적하고, 그 지식 자본을 사용해서 속독하는 것입니다.

반복해서 읽기 때문에, 처음부터 완벽하게 이해할 필요는 없습니다. 이해 여부와 상관없이, '소리를 내지 않고 보기', '이해하려고 하지 않고 보기'와 같은 기존의 속독 기술을 사용하면서 처음에는 목차와 머리말, 들어가며, 나오며로 범위와 대상을 추려서, 무작정 빨리 읽는 것입니다.

그렇게 하면 그 책에 관한 지식 자본이 조금은 축적됩니다. 쉽게 말해서, 저자의 주장은 무엇인지, 장 구성은 어떻게 되어 있는지, 자주 등장하는 핵심적인 단어는 무엇인지, 현시점에 당신이 그 책에 대해 어느 정도 이해하고 있는지와 같은 포인트도 알 수 있게 됩니다.

우선은 대충 훑어보고 책의 특징을 파악해서 그 지식과 정보의 지식 자본을 쌓으면, 다음번 읽을 때는 처음보다 빠르게 읽을 수 있게 됩니다.

이것을 반복하면서 조금씩 지식 자본을 축적하고, 범위와 대상을 넓혀가면서 책 전체를 속독할 수 있게 되는 것입니다.

너무나도 단순한 발상이라, '뭐야 그게 다야?'라고 생각할

## 무작정 읽다 보면, 그 책의 지식 자본이 늘어난다

**1회전**   책의 대략적인 흐름과 키워드를 알 수 있고 읽는 사람의 지식 자본(지식과 정보)이 된다.

지식 자본

**2회전**   1회전 때의 지식 자본이 있어서 빨리 읽을 수 있다.

  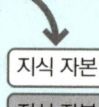

지식 자본
지식 자본

**3회전**   지식 자본이 서서히 축적되어 더 빨리 읽을 수 있다. 구체적인 내용으로 들어갈 수 있다.

  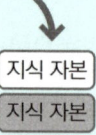

지식 자본
지식 자본
지식 자본

수도 있는데, 많은 사람이 쉽게 이 발상에 도달하지 못합니다.

이런 단순한 발상이 떠오르지 않는 이유는 '속독하자'라고 생각하면, 자연스럽게 '무조건 한 번에 끝낸다'라고 생각하기 때문입니다.

확실히 여러 번 반복하기보다 한 번 읽고 끝내는 게 빠를 거라고 생각됩니다. 그런 생각에 사로잡혀서 '반복해서 읽기'라는 발상이 떠오르지 않는 것입니다.

지금까지의 속독법도 '한 번 읽고 끝낸다'라는 고정관념에 사로잡혀 있었다고 할 수 있습니다.

챕터 1에서 소개했듯이, 유사 속독 훈련으로 '같은 책을 반복해서 읽으면 속독할 수 있다'라는 내용은 이해하면서, 이것을 어디까지나 '유사'라고만 받아들이고 있는 것입니다.

그리고 반복을 사용해서 속독하려고 하지 않았던 것입니다. '뭐야 그냥 반복이네…'라고 단순하게 생각하면 안 됩니다. 그리고 '지금보다 읽는 시간이 몇 배 더 필요한 거 아냐?'라며 걱정하지 마세요.

반복해서 읽는다고 하지만, 목차만을 읽는다, 들어가며·나오며만 읽는다, 장의 제목과 핵심 단어만 주워가면서 읽는다 정도의 간단한 읽기 방법으로도 상관없습니다. 우선은 페이지를 넘기며 훑어보는 것만으로도 효과는 있습니다.

그런 소소한 행동으로 축적되는 지식 자본에 어떤 힘이 가해지면 큰 힘이 되는 것입니다.

### '속독의 복리 효과'란 무엇인가

그 '어떤 힘'이란 복리입니다.

자산 운용의 세계에서 쉽게 접할 수 있는 단어로, 돈을 맡기거나, 운용할 때 원금에 따라서 발생하는 이익을, 차기의 원금으로 편성시키는 방식을 말합니다. 즉, 원금과 원금의 이익에 더해서 이익의 이익이 발생, 그다음에는 이익의 이익의 이익이 생기게 됩니다. 기간이 길어질수록 이익이 불어나는 것입니다.

상대성 이론을 발표한 아인슈타인(Einstein) 박사도, 복리를 '우주에서 가장 강력한 힘[6]'이라고 했다고 전해집니다. 이 복리의 힘을 만만하게 봐서는 안 됩니다.

일본에서도 복리의 힘을 보여주는 이야기로 도요토미 히데

---

[6] 아인슈타인은 복리의 법칙은 인간의 가장 위대한 발명이자 세계 8대 불가사의 중 하나라고 하면서 수식과 그래프를 제시했습니다. - 역자 주.

요시(豊臣秀吉)와 그의 신하인 소로리 신자에몬(曾呂利新左衛門)의 일화가 전해지고 있습니다. 어떤 이야기인가 하면, 하루는 히데요시가 신자에몬에게 "상을 내리겠다"라고 하자 그는, "첫째 날에 쌀 1알, 이튿날에는 쌀 2알, 셋째 날에는 그 2배인 4알, 이런 식으로 날마다 2배의 쌀알을 100일간 받고 싶다"라고 대답했습니다.

히데요시는 대단한 양이 아니라며 승낙했는데, 날이 지날수록 방대한 양이 되는 것을 깨닫게 되고는, 사과하며 다른 보상으로 바꾸게 되었다는 이야기입니다.

실제로 계산해보면, 10일째까지는 밥 한 공기의 양에도 미치지 못하지만, 22일째에는 쌀 한 섬[7]을 넘게 되고, 43일째에는 300만 섬에 달합니다. 이른바 100만 석의 다이묘[8]가 되는 것입니다. 100일째에는 도저히 지불할 수 없는 천문학적인 숫자가 되어버립니다. 속독에서도 이 복리의 힘이 작용합니다.

어떤 읽기 방법이든, 처음 읽을 때 읽는 이의 안에 그 책에 관한 지식 자본이 축적됩니다. 다시 읽을 때는 처음에 축적된 지식 자본에 더해지기 때문에 한층 많은 지식 자본을 축적할

---

[7] 척근법의 하나로, 부피의 단위입니다. 쌀 144kg으로 열 말에 해당합니다. - 역자 주.
[8] 다이묘(大名)는 일본의 중세에서 근대에 이르기까지 넓은 영지를 소유했던 영주입니다. 석은 부피의 단위로 섬과 동일한 의미입니다. - 역자 주.

수 있습니다.

무한으로 지식 자본이 불어나는 것은 아니지만, 지식 자본이 지식 자본을 낳는 복리 효과를 기대할 수 있습니다.

### 모르는 부분에 얽매이지 않는다

복리 효과는, 읽는 속도에도 물론 작용합니다. 지식 자본이 늘어나면 읽는 속도가 빨라지고, 읽는 속도가 빨라지면 읽을 수 있는 횟수가 늘어납니다.

그러므로 일단 반복하기 시작하면, 점점 읽는 속도는 빨라지고 점점 읽기 편해져서 점점 반복하게 되어버리는 것입니다.

눈사람을 만들기 위해서 커다란 눈덩이를 굴릴 때를 떠올려 보십시오. 그리고 눈덩이를 속독의 지식 자본에 대입시켜서 생각해보십시오. 눈덩이를 굴리는 동안, 눈이 눈을 부착시키고, 눈덩이에 가속력이 붙어서 커지게 됩니다.

그러나 한편으로 굴리기는 점점 더 힘들어지고, 굴리는 속도는 느려집니다. 그러나 속독의 경우에는 지식 자본(눈덩이)이 커지면 커질수록, 속도가 빨라집니다. 그러므로 굴리는 횟

수는 더 늘어나고, 가속력이 붙어서 빨라지는 것입니다.

　이 복리의 힘을 키우려면, 한 번에 축적되는 양을 늘리는(금리를 높이 만드는) 것도 중요하지만, 무조건 1회당 시간을 짧게 해서, 회전수를 늘리는 게 중요해집니다.

　내용은 몰라도 되니 일단 목차와 장의 제목만이라도 읽으면, 그 책에 관한 지식 자본이 축적됩니다.

　이 지식 자본이 다음 회전 시에 빨리 읽을 수 있는 원동력이 되는 것입니다.

　더불어 다음 회전 시에는 새로운 더 많은 지식 자본이 축적되고⋯ 이렇게 읽는 이의 안에 있는 지식 자본은 점차 늘어납니다. 그것이 또 다음 회전 시에는 읽는 속도를 빠르게 해줍니다.

**① 빨리 읽기 때문에 지식 자본이 축적된다.**

**② 지식 자본이 축적되기 때문에 더 빨리 읽을 수 있다.**

**③ 빨리 읽기 때문에 지식 자본이 더 많이 축적된다.**

　이런 복리 효과로 인해 지식 자본 증가와 속도 상승에 점점 가속이 붙어가는 것입니다.

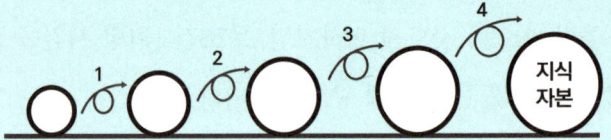

## 회전시키는 것에 의미가 있다!

눈덩이를 굴리면 점차 커지는 것처럼 반복해서 읽으면 지식 자본도 늘어난다.

눈덩이는 커지면 속도가 떨어지지만 속독에서는 오히려 속도가 올라간다.

## 왜 누구나 바로 속독할 수 있는 것일까?

이렇듯 반복을 이용한 복리 효과를 활용해서 지식 자본을 효율적으로 축적하고, 누구나 어떤 책이든 속독할 수 있는 방법, 그것이 제가 제창하는 '고속 대량 회전법'입니다.

글자 그대로 책을 '고속'으로 '대량 회전'시키며 읽는 방법입니다.

'고속'이란 '소리를 내지 않고 보기', '이해하려고 하지 않고 보기' 같은 속독 기술을 사용해서 읽는 것을 내포하지만, 그게 다는 아닙니다.

속독 교실에서 훈련한 사람은 점차 속독 기술을 사용하면 되지만, 이미 설명했듯이 속독 기술은 지식 자본이 없는 상태에서는 사용하려고 해도 쉽게 효과를 발휘하지 못하고, 내용의 이해가 뒤따르지 않습니다.

중요한 것은, 읽고자 하는 책에 관한 지식 자본을 얼마나 축적하고 있는가이며, 가능한 한 빠르게 효율적으로 지식 자본을 축적하는 것입니다.

따라서 '고속'으로 읽고 '대량 회전' 가능하게끔 처음에는 읽는 범위, 대상을 축소시켰다가 점점 넓혀갑니다. 구체적으로는 다음과 같은 범위 축소를 실시합니다.

① 목차, 들어가며, 나오며와 같이 책의 내용이 요약된 정보로 범위를 축소시켜서 읽는다.
② 장의 제목, 키워드 등으로 대상을 추려서 그 부분을 골라 읽기, 훑어 읽기[9]를 한다.

이렇게 물리적으로 범위와 대상을 축소시키면, 속독 기술과 지식 자본의 양과 질에 상관없이, 누구나 '고속'으로 읽고 '대량 회전'시킬 수 있습니다. 이런 식으로 지식 자본을 축적하면서 점차 범위와 대상을 넓혀가면 됩니다.

### 반복해서 읽는 편이 빠르다

물론, 이런 읽기 방법으로, 단 한 번만 읽어서 끝낸다면, 단순한 부분 읽기, 훑어 읽기입니다. 그러므로 '반복'이고 '대량

---

[9] 스키밍(Skimming)이라고도 하며, 세부사항에 집중하기보다는 글의 전체적인 내용을 알기 위해 빠른 속도로 읽는 것입니다. - 역자 주.

회전'입니다.

목차나 키워드를 읽으면 어느 정도 지식 자본이 축적됩니다. 그 지식 자본을 곧바로 활용해서 '고속'으로 읽고, 범위와 대상을 넓혀가면서 읽음으로써, 책 전체에 대한 이해를 수반한 속독이 가능해집니다.

무작정 멈추지 말고, 빨리 회전시켜서, 회전수를 늘리는 것입니다.

'왠지 대량이라고 하니까 어려울 것 같아'라고 생각할 수도 있는데, 정독을 반복하는 것이 아닙니다. 확실히 기존의 읽기 방법의 연장으로, 열 번 '읽기'가 되면 매우 힘들지도 모릅니다. 그러나 열 번 '보는 것'이라고 생각해보십시오.

예를 들어, 소제목으로 범위를 추려서 읽으면, 다음 페이지로 넘어가기까지 필요한 시간은 겨우 몇 초면 될 것입니다. 이런 식으로 회전을 쉽게 생각하는 것이, '고속'으로 읽기를 촉진시키고, 결과적으로 대량 회전을 가능하게 합니다. 그리고 이를 반복함으로써, 점차 세부적인 내용으로 들어갈 수 있습니다.

직접 해보면 실감할 수 있는데, 지금처럼 한 번 차분히 숙독하기보다, 열 번 '보기'만 하는 것이 빠르게 읽히고 깊이 이해할 수 있습니다.

처음에는 무작정 '그냥 보기' 정도의 느낌으로 괜찮습니다. 그렇게 편하게 대면함으로써, 결과적으로 대량 회전이 가능하며, 빠르고 효과적으로 지식 자본이 축적됩니다.

그리고 '소리를 내지 않고 보기', '이해하려고 하지 않고 보기'라고 하는 속독 기술을 발휘해서, 이해까지 수반한 속독이 가능해지는 것입니다.

## 고속 대량 회전법이 탄생한 계기는?

고속 대량 회전법은 속독 기술 훈련 여부를 따지지 않습니다(기술이 있다면 죄송한데, 없어도 문제는 없습니다).

또한, 읽는 책에 관한 사전 지식 자본이 없더라도 개의치 않습니다. 예습하듯 반복을 통해서 효율적으로 지식 자본을 축적할 수 있기 때문에, 누구나 어떤 책이든 속독할 수 있는 방법입니다.

지식 자본을 축적하면 속독 기술도 쉽게 발휘되기 때문에, 결과적으로 속독 기술도 활용해서, 최대한의 속독력을 끌어냅니다.

속독력 = 속독 기술 × (지식, 정보, 경험 등의) 지식 자본

속독력은 속독 기술과 지식 자본의 곱입니다. 그리고 속독 기술은 지식 자본을 축적하기만 하면 쉽게 발휘할 수 있게 됩니다. 지식 자본을 축적하는 데 초점을 맞추면 결과적으로 속독 기술이 발휘되어, 최대한의 속독력을 끌어낼 수 있습니다.

고속 대량 회전법은 어떤 책이라도 이해를 수반하는, 정말로 효율적인 속독을 위한 방법은 이것밖에 없다고 말할 수 있는 속독법인 것입니다.

고속 대량 회전법은 원래 속독법으로 고안한 것은 아닙니다. 사실은 제 속독 체험을 바탕으로 '속독 훈련이 필요 없는 공부법'으로 탄생한 것입니다.

그 경위에 대해서는 2007년에 출판한 《속독 공부법》(스바루사간, 2010년에 PHP 연구소에서 문고화)에 적었는데, 제가 속독을 실천하면서 깨닫게 된 두 가지 원칙이 토대가 되었습니다.

**제1의 원칙 : 빨리 읽기 때문에 이해할 수 있다.**
**제2의 원칙 : 첫 번째보다 두 번째 더 빨리 읽을 수 있다.**

그렇다면 다음 섹션부터는 이 속독의 2대 원칙에 대해 구체적으로 다루겠습니다.

## SECTION 05
# 고속 대량 회전법의 2대 원칙을 이용하자!

### 제1의 원칙, 빨리 읽기 때문에 이해할 수 있다

　제가 속독할 수 있게 된 후, 다른 사람들로부터 "그렇게 빨리 읽는데 이해할 수 있어?"라는 질문을 받는 일이 많아졌습니다.
　"물론, 이해하죠"라고 대답하면서, 역으로 저도 다른 사람들이 얼마나 시간을 들여서 책을 읽는지 물어봤습니다. 그러면서 '뭐야, 그런 거구나…'라며 깨닫게 된 것이 제1의 원칙입니다.
　많은 사람이 한 권의 책을 읽는 데 '일주일 정도 걸린다', '한 달 가까이 걸린다'라고 대답했습니다.
　그 이야기를 듣고 저는 '그렇게 천천히 읽으면 오히려 이해가 안 될 텐데'라고 생각했습니다.

 일주일씩이나 걸려서 천천히 한 권의 책을 읽는다면, 앞부분에 무슨 내용이 적혀 있었는지 서서히 잊어버리고, 책 전체의 흐름을 놓치게 되기 때문입니다.

 전체의 흐름과 문맥을 잡아내기 위해서는 몰라도 무작정 앞으로 나아가는 것이 중요할 때도 있습니다.

 예를 들어, 당신이 모임 같은 곳에 참석해서, 이미 많은 사람이 대화를 나누고 있는 곳에 합류해야 할 때를 떠올려 보십시오. 대화의 내용을 모르기 때문에, 처음에는 이야기가 귀에 들어오는 둥 마는 둥 했던 경험이 있지 않나요?

 그런 경우, 몰라도 대화를 계속 듣고 있다 보면 '아, 이런 이야기를 하고 있었구나'라고 내용이 파악됩니다. 그 순간 내용을 이해할 수 있게 되고, 대화에도 참여할 수 있게 됩니다.

 책도 마찬가지입니다. 모르는 부분을 몇 번씩 반복해서 읽기보다, 우선 앞으로 나아가서 흐름을 파악하면 내용이 이해되는 경우도 많습니다. 즉, 속독으로 '빨리 읽어도 이해할 수 있다'가 아니라, 속독으로 '빨리 읽기 때문에 이해할 수 있다'라는 것입니다.

 반대로 많은 사람이 '천천히 읽으면 이해할 수 있다'라고 생각합니다. 모르는 부분이 있으면 거기에 머물거나, 천천히 읽으려고 합니다.

속독=얕은 읽기 방법, 정독, 천천히 읽기(슬로우 리딩, Slow Reading)10)=깊이 있는 읽기 방법이라고 생각하지만, 천천히 읽으면 이해가 촉진되고 깊이 이해할 수 있다고 할 수는 없습니다.

## 정독보다 속독으로 깊이 이해할 수 있는 이유

천천히 읽는 사람은 사소한 부분에 얽매이곤 합니다. '나무를 보고 숲을 보지 못한다'라는 말도 있는데, 사소한 부분에 얽매여서, 오히려 이해하지 못하는 것도 있습니다. 이해를 위해서는 부분만이 아닌 전체를 아는 것도 중요하기 때문입니다.

물론 '숲을 보고 나무를 보지 못한다'도 안 되지만, 우선은 숲을 보며 전체를 파악하는 편이 우리가 이해하기는 쉽습니다.

예를 들어, 프레젠테이션의 기술 중에 무언가를 설명할 때

---

10) 한 권의 책에 될 수 있는 한 많은 시간을 들여 천천히 꼼꼼하게 읽는 것입니다. - 역자 주.

제일 먼저, '여기에는 세 가지 포인트가 있습니다'라고 전달하는 것처럼, 첫머리에 큰 틀부터 제시하는 방법이 있습니다.

다짜고짜 상세한 설명을 듣기보다, 처음에는 대략이라도 큰 틀을 제시해주는 편이 듣는 사람이 받아들이기 쉽고, 그 후의 구체적인 설명도 이해하기 쉽습니다.

덧붙여, 더 단순한 예를 들면, 책에 따라서는 뒷부분에 제대로 된 상세 설명이 적혀 있는 경우도 적지 않습니다. 바로 읽다 보면 알 수 있는 것을, 어떤 의미에서, 쓸데없는 노력을 해서 이해하려고 하는 경우도 많다는 것입니다.

'반복'이라는 전제가 있기 때문이지만, 사소한 부분에 얽매이거나, 이해하지 못하는 부분에서 멈추지 말고 무조건 큰 틀만을, 우선은 이해되는 부분만을 받아들이고, 대략 이해하는 게 책을 깊이 이해하기 위한 지름길입니다.

고속 대량 회전법에서, 처음에 목차와 들어가며·나오며로 추려서 읽거나, 이해하지 못해도 본문을 '고속'으로 읽는 것은, 적절한 읽기 방법으로, 전체 구조를 파악하고 '나무만 보지 않고 숲을 보는' 효과가 있습니다.

이것이 제1의 원칙 '빨리 읽기 때문에 이해할 수 있다'입니다. 물론, 한 번에 끝내버린다면, 엉성한 읽기 방법, 얕은 읽기

## 정독보다 속독이 깊이 있게 읽을 수 있다

**정독**

**책 속에 몰입되어버린다**
· 처음에 읽었던 장면을 잊어버리기 쉽다.
· '나무를 보고 숲을 보지 못한다'의 상태가 된다.

**고속 대량 회전법(속독)**

**책을 위에서 관망하면서 들어가거나 나오거나 하고 있다**
· 큰 틀을 포착하기 때문에 전체를 알 수 있다.
· 반복함으로써 자세한 부분도 읽을 수 있다.

방법이지만, 반복해서 점차 세세한 부분, 이해하지 못하는 부분으로 파고들어감으로써, 빠르면서 깊이 있는 읽기 방법이 가능한 것입니다.

정독과 천천히 읽기로도 읽다 보면 언젠가는 전체 구조도 파악되고 이해도 촉진될 것입니다. 그러나 익숙하지 않은 책, 어려운 책은, 상당한 인내력과 의지력이 필요하고, 흥미가 없다면, 도중에 내팽개쳐버립니다. 어려운 책일수록 천천히 읽는 게 아니라, 빨리 읽어서 여러 번 회전시키면 쉽게 이해할 수 있습니다.

## 제2의 원칙, 첫 번째보다 두 번째 더 빨리 읽을 수 있다

'고속'은 제1의 원칙과 관련이 있는데, 다른 하나인 '대량 회전'은 제2의 원칙 '첫 번째보다 두 번째 더 빨리 읽을 수 있다'와 관련이 있습니다.

이 또한 깨닫게 된 계기는, 제 속독 체험에 있습니다.

악전고투하면서도 어찌어찌 속독할 수 있게 된 저는, 점차 같은 책을 몇 번이고 반복해서 읽으려고 했습니다.

왜냐하면 속독할 수 있게 되면 책을 한 번 읽는 데 그다지 많은 시간이 들지 않기 때문에, 한 번 읽는다고 해도 그다지 지치지 않습니다. 그리고 시간적인 여유도 생겨서, 다시 한번 읽어보고자 하는 경우가 많아졌기 때문입니다. 예전에 읽었던 책을 다시 읽는 경우도 늘어났습니다.

그러면서 깨달은 것이 '첫 번째보다 두 번째 더 빨리 읽을 수 있다'였습니다. 당시에는 깨닫지 못했지만, 이 책에서 지금까지 서술했듯이, 축적된 지식 자본이 속독력이 되기 때문입니다.

구체적으로 말하면, **첫 번째보다 두 번째 읽을 때는 책의 언어와 문맥에 익숙해졌고, 전체의 구조를 이해하고 있기 때문**입니다.

이미 소개했듯이, 실제로 속독 교실에서 반복해서 같은 책을 여러 번 읽는 '유사 속독 훈련'을 실시하고 있으며, 그 체험과 결합해 '반복해서 읽기로 빨리 읽을 수 있게 된다면, 그 힘을 의식적으로 사용하면 좋지 않을까?' 하고 제2의 원칙 '첫 번째보다도 두 번째 더 빨리 읽을 수 있다'를 생각해낸 것입니다.

이 제2의 원칙도 매우 단순하지만, 대부분의 사람들이 활용하지 못하고 있습니다. 우선은 책을 한번 다 읽기까지 시간이 걸리고, 약간은 고생스러우므로 한번 다 읽으면 만족하고는 곧바로 다시 읽으려고 하지 않습니다.

따라서 이것을 실감할 기회가 드물기 때문입니다.

## 어려운 시험에 단기간에 합격할 수 있었던 속독법

제1의 원칙, 빨리 읽기 때문에 이해할 수 있다.
제2의 원칙, 첫 번째보다 두 번째 더 빨리 읽을 수 있다.

이 두 가지 원칙이 조합되어, 최종적으로 고속 대량 회전법이 탄생하게 된 것은 2003년, 1개월 만에 한 번에 CFP 시험[11] 합격을 목표로 시험공부를 할 때였습니다. 당시, 회사를 그만두고 막 독립했던 저는, 속독법이 정말 도움이 되는지, 하나의 공개실험을 시도해보기로 했습니다.

시험은 그 결과가 명확하게 나옵니다. '이 교재를 속독했습니다'라고 하더라도, 제대로 이해하고, 기억하지 못한다면 시험에는 합격할 수 없습니다. 속독이 정말로 도움이 된다는 것

---

11) 국제 공인 재무 설계사 시험(Certified Financial Planner). - 역자 주.

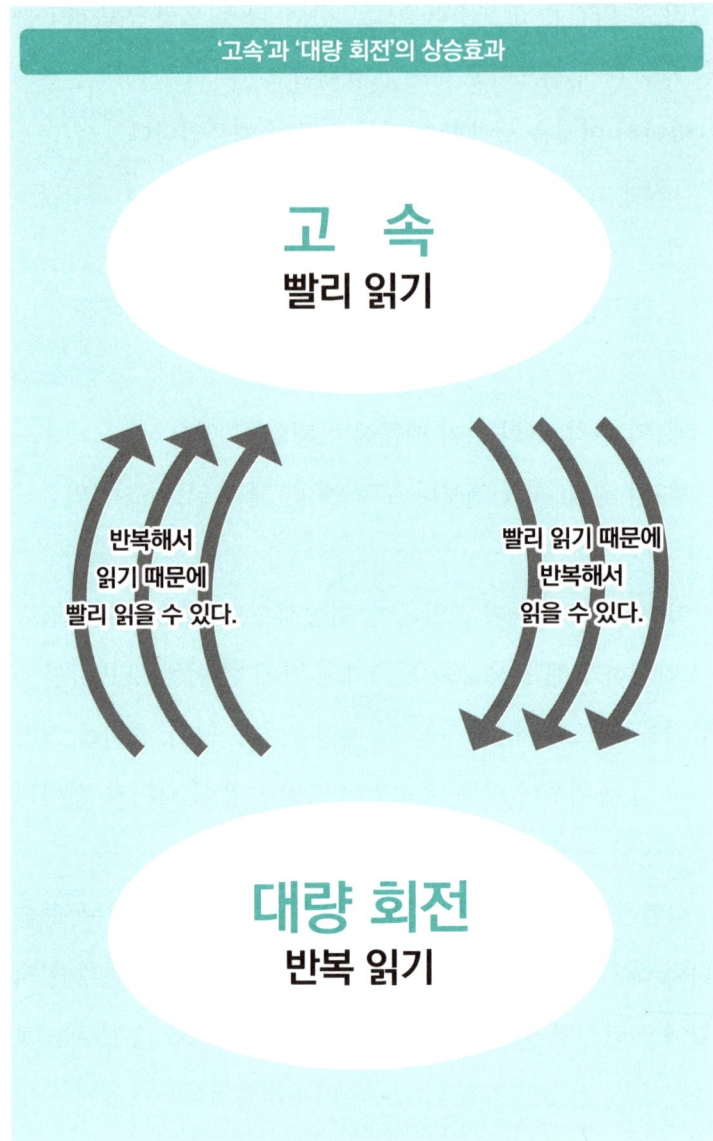

도 보여주고 싶었습니다. 이를 위해서 메일 매거진도 창간했고, 제가 시험공부 하는 모습을 공부법까지 포함해서 전달했습니다.

  시험공부를 위해서 읽는 대상은, 한정된 문제집과 참고서입니다. 그 책을 1개월 동안 계속 읽는 것입니다. 1개월은 시험공부 기간으로는 짧을지도 모르지만, 독서 기간으로는 더할 나위 없이 길었습니다.

  필연적으로 일반적인 독서로는 상상조차 할 수 없을 만큼, 여러 번, 수십 번이라고 해도 될 만큼 많이 반복해서 읽었습니다. 실제로 시험을 치르기 위해서는 확실하게 기억할 필요가 있고, 그것을 위해서는 반복이 불가결했습니다.

## '고속'과 '대량 회전'의 상승 작용

  반복하는 동안 '첫 번째보다도 두 번째 더 빨리 읽을 수 있다' 곧 두 번째보다 세 번째, 세 번째보다도 네 번째 이렇게 읽는 횟수가 쌓일수록 점점 속도가 빨라지는 것을 실감했습니다.

  속도가 빨라지는 것과 동시에 반복해서 읽을 수 있게 되니다. 이로 인해 더 빨리 읽을 수 있게 되고…이런 식으로 서서히 가속력이 붙어서 공부가 진전되었습니다.

① 빨리 읽기 때문에 지식 자본이 축적된다.

② 지식 자본이 축적되기 때문에 더 빨리 읽을 수 있다.

③ 빨리 읽기 때문에 지식 자본이 더 많이 축적된다.

④ 반복하기 때문에 더 빨리 읽을 수 있다.

이런 선순환이 발생한 것입니다.

반면 시험공부를 하는 많은 사람은 고속 대량 회전은커녕 그 반대로 '저속 소량 회전'에 사로잡혀 있습니다. 꼼꼼히 읽기 위해 속도가 느려지고, 그에 비례해서 시간이 줄어들어버리기 때문에, 좀처럼 반복할 수 없습니다. 이해가 촉진되지 않기 때문에 더욱 꼼꼼히 읽는다…이런 악순환입니다.

이는 시험공부를 할 때는 일반적인 독서 이상으로 '이해하고자', '기억하고자' 하는 생각이 강해져서, 무의식중에 읽는 속도가 느려지기 때문입니다.

그 결과, 반복은커녕 본문을 한 번도 채 읽지 못하는 경우도 발생할 수 있는 것입니다.

**① 천천히 읽기 때문에 이해도, 반복도 할 수 없다.**

**② 이해도 반복도 할 수 없기 때문에 더 꼼꼼히 읽는다.**

**③ 꼼꼼히 읽기 때문에 이해도, 반복도 더 어려워진다.**

꼼꼼하게, 이해하려고 하면서 읽기 때문에 오히려 시험에서 떨어지게 되는 것입니다.

저는 이 저속 소량 회전의 악순환으로부터 고속 대량 회전의 선순환으로 바꾸는 것이 시험 합격의 비결이라는 것을 깨달았습니다.

그리고 무조건 빨리 읽고, 무작정 반복하는 것, 이것을 고속 대량 회전법이라고 이름 붙여서 전파한 것입니다. 이것이 고속 대량 회전법이 탄생하게 된 계기이며, 그 발상은 시험공부법에 있었습니다.

당시의 메일 매거진은 지금도 제 홈페이지(www.utsude.com)에서 과거 기록을 확인할 수 있습니다.

## 꼼꼼히 읽는 사람 VS 대충 읽는 사람

**꼼꼼파**

①
이해하려고 해서 꼼꼼히 읽는다.

②
꼼꼼히 읽기 때문에 세세한 부분에 신경이 쓰인다.

③
더 꼼꼼하게 읽기 때문에 좀처럼 진도가 나가지 않는다.

불합격

**대충파**

①
이해는 신경 쓰지 않고 대충 읽는다.

②
대충 읽기 때문에 큰 틀을 이해할 수 있다.

③
대충 읽기 때문에 반복해서 세세한 부분도 이해할 수 있다.

합격

그리고 2010년에도 고속 대량 회전법이 얼마나 시험에 효과가 있는지를 재확인하기 위해, 2개월 동안 행정사서 시험 합격을 목표로 공부했고, 합격했습니다. 그 결과는 블로그(http://ameblo.jp/kosoku-tairyokaiten-ho)에서 실황을 중계했고, 지금도 공개되어 있습니다.

이렇듯 고속 대량 회전법은 현실적이고 실제로 사용이 가능한 속독법이라는 것을 이해했을 것입니다.

시험에서는 결과가 전부입니다. '우뇌'나 '잠재의식'같은 말만으로는 합격할 수 없습니다. 시험공부에서 탄생했고, 그것을 실증하고 있는 것이 고속 대량 회전법인 것입니다.

## '반복'으로 '이해하려고' 하는 생각을 떼어놓는다

그렇다면 속독법으로써의 고속 대량 회전법으로 이야기를 되돌리겠습니다.

속독력 = 속독 기술 × (지식, 정보, 경험 등의) 지식 자본

고속 대량 회전법은, 이 공식으로 표현한 속독력의 두 가지 요소 가운데, 지식 자본을 축적하기 위한 효율적 방법이라는 것을 지금까지 설명했습니다.

하지만, 사실은 고속 대량 회전법은 지식 자본의 축적뿐만 아니라, 속독 기술 발휘에도 직접 작용하는 면이 있습니다. 고속 대량 회전법의 '반복'이라는 발상이 '이해하려고 하지 않고 보기'를 의식하지 않아도 촉진시키기 때문입니다.

이제 두 번 다시 읽지 않겠다고 생각하면 아무래도 지금 바로 '이해하려고' 노력하게 됩니다. '이해하려고 하지 않고 보기'는 쉽지 않습니다.

① 모르는 부분에서 멈춰 버린다.

② 이해하려고 같은 부분을 몇 번씩 다시 읽는다.

③ 결국 집중력에 한계가 와서 도중에 내팽개친다.

전형적인 행동 패턴입니다.

'책은 한 번 읽어서 끝낸다'라는 전제를 '책은 반복해서 읽는다'라는 전제로 바꾸기만 해도 '또 읽을 거니까'라며 모르는 부분에서 멈추지 않고 나아갈 수 있습니다.

즉 고속 대량 회전법의 '반복'이라는 발상이 '이해하려고 하지 않고 보기'라는 속독 기술을 자연스럽게 실현시켜 주는 것입니다.

### 기술은 나중에 얻어진다

고속 대량 회전법으로 무작정 책을 읽고, 회전시키기 시작하면, 속독 기술과 지식 자본의 선순환이 발생하게 됩니다. 점점 빨리, 그리고 많은 책을 읽을 수 있게 되는 것입니다.

① 속독 기술이 발휘되어서 빨리 읽을 수 있기 때문에, 많은 책을 읽을 수 있고 지식 자본이 축적된다.

② 많은 지식 자본이 축적되기 때문에 속독 기술을 발휘하기 더 쉬워진다.

③ 속독 기술이 발휘되어서 빨리 읽을 수 있기 때문에 더 많은 책을 읽을 수 있고, 지식 자본이 축적된다.

이런 선순환입니다.

이른바 '독서가'라고 불리는 사람들에게서는 많든 적든 이 선순환이 일어나고 있습니다. 그리고 한편으로 책을 읽지 않는 사람에게서는 이와 반대되는 순환이 일어나게 됩니다. 책을 읽는 사람은 점점 더 많은 책을 읽고, 읽지 않는 사람은 좀처럼 쉽게 책을 읽게 되지 않습니다.

고속 대량 회전법은 누구나 이 선순환이 가능하게 하고, 나아가 그것을 가속시키는 방법입니다. 일단은 고속 대량 회전법을 사용해서 '책을 읽는' 사이클에 합류해주십시오.

세상에는 한 분야의 책을 몇 권씩 동시에 모아서 읽는 독서법, 무턱대고 전문서를 읽는 것이 아니라 입문서부터 들어가는 독서법이 있습니다. 이것도 지식 자본을 효율적으로 축적하는 것에 착안한 쉽고 빠르게 책을 읽는 방법입니다.

하지만 많은 책을 모아서 읽든, 입문서부터 읽든, 한 권의 책을 읽는 데 많은 시간이 걸리거나, 도중에 내팽개친다면 본전도 못 찾게 됩니다.

우선은 한 권의 책이라도, 그리고 어려운 책에서도 사용할 수 있는 고속 대량 회전법으로 책 읽기를 시작해주십시오. 거기서부터 독서의 폭을 넓히고 지식 자본을 축적해서, 폭넓은 속독력을 몸에 익히면 되는 것입니다.

# 30분이면
# 어떤 책이라도 속독할 수 있다

# SECTION 06
# 제일 먼저 전체 구조를 파악한다

## 왜 30분인가?

그렇다면, 실제로 고속 대량 회전법을 사용해서, 어떻게 책을 속독하는지, 더 구체적으로 설명해보겠습니다. 이 책 이외에 당신이 지금부터 읽고 싶은 책을 한 권 꺼내 주십시오(여기서는 소설이 아니라, 주로 비즈니스서나 자기계발서, 실용서나 전문서를 전제로 하고 있습니다).

지금부터 그 책을 30분 기준으로 속독해봅시다.

'고속 대량 회전법은 한 권에 30분짜리 속독인가요?'라고 생각할 수도 있는데, 그렇지는 않습니다.

'시작하며'에서 계속 강조했듯이, 읽고자 하는 책에 관한 지식 자본이 속독에 크게 영향을 미치며, 지식 자본의 질과 양은 개인에 따라서 차이가 있습니다. 당연히, 읽는 속도도 이해도도 달라집니다.

여기서 소개하는 한 권 30분 읽기 방법은 하나의 표준 형태라고 생각해주십시오.

**단, 책을 읽기 위해서, 적어도 30분의 시간을 할애해주십시오.** 10분 만에 얼마든지 읽을 수 있다고 생각되는 책이라도, 반복해서 읽기를 추천합니다.

확실히 읽으려고 하는 책에 관한 지식 자본이 있다면, 이해도 빠르고 순식간에 읽을 수 있습니다 하지만 지식 자본은 이해를 도와주면서 동시에, 오해를 만들어내는 근원이기도 합니다.

이른바 '아는 셈 치고', '아는 것 같은 생각이 드는' 것입니다. '아, 이 이야기 알고 있어', '이거 벌써 알고 있어'가 되면, 한 번 읽었으니 되었다고 생각하기 쉽습니다. 그러나 그런 책이라도 두 번, 세 번 일부러 반복해서 읽다 보면 분명 '이런 내용도 적혀 있었네', '나랑은 관점이 다르네'와 같은 발견이 있습니다. 읽은 듯 읽지 않은 경우가 많다는 것입니다.

자타공인 독서가이며, '천야천책(www.isis.ne.jp/mnn/senya/toc.html)'이라는 책과 관련된 블로그를 꾸준히 갱신하고 있는 마츠오카 세이고(松岡正剛, 편집공학 연구소 소장) 씨도 '책은 두 번 이상 읽지 않으면 독서가 아니다'라고 했습니다.

그 이유는, 제대로 읽었다고 생각했는데, 막상 다시 읽으면 전혀 제대로 읽은 게 아니었다는 것을 깨닫거나, 전혀 다른 인상을 받는 경우가 많았기 때문이라고 합니다.

속독은 빨리 먹기 경쟁이 아닙니다. 빨리 읽고 끝내는 것이 목표가 된다고 해도 의미가 없겠죠. 만약 10분 만에 한 번 읽는 것만으로도 충분하다고 여겨지는 책이 있다면, 이미 지식 자본에 있는 것을 확인했을 뿐으로 애초에 읽지 않아도 좋았을 책이라고 하는 것이 맞겠지요.

## 책의 정보로 가득 차 있는 목차

고속 대량 회전법의 제1의 비법은, 처음에는 범위와 대상을 추리는 것입니다. 범위와 대상만 추려놓으면 누구나 고속 대량 회전을 시작할 수 있습니다.

그리고, 일단 고속 대량 회전이 시작되면, 지식 자본이 축적되어, 빨리 읽을 수 있게 됩니다. 거기서부터 범위를 넓히면서 동시에 빨리 읽고 깊이 이해할 수 있게 됩니다. 우선 범위를 추려서 고속 대량 회전을 시작하는 것입니다.

가장 먼저 '목차'입니다. 여기서 '소리를 내지 않고 보기', '이해하려고 하지 않고 보기'라는 속독 기술을 사용합니다. 읽는다기보다 관망하는 느낌입니다.

목차를 구성하는 장의 제목과 소제목은 문장이 아닌, 여러 개의 단어 조합입니다. '소리를 내지 않고 보기'가 쉽습니다.

그러나, 편집되고 요약된 말이기 때문에 추상적인 말도 많고, 좀처럼 쉽게 이해할 수 없는 말도 적지 않습니다. 무심코 '이해하려고' 해서 천천히 읽게 되곤 합니다. 여기서는 여러 번 회전시키면서 점차 이해하면 된다는 편안한 마음으로, 무조건 '고속'으로 읽는 것이 포인트입니다.

목차의 모든 정보를 보는 것이 어렵다면, 처음에는 소제목은 읽지 말고, 장의 제목만 봐도 상관없습니다. 일단은 범위를 추려서 고속으로 회전시켜 봅시다.

목차는 기껏해야 10페이지 정도라, 몇 분 정도면 1회전 가능합니다. 가벼운 준비운동을 하듯 1분간 다섯 번 정도 회전시켜 봅시다.

## 우선은 목차를 2분간 열 번 회전!

다섯 번 회전시키는 동안, 목차에 나와 있는 항목에 관한 지식과 정보, 전체의 흐름 등의 정보가 축적됩니다. 또한 실제로 목차를 읽었다는 경험도 얻을 수 있습니다.

고작 1분 정도 차이지만 처음에 목차를 볼 때와 5회전째 목차를 읽을 때의 체험은 상당히 달랐을 것입니다. 점점 익숙해졌다고 할까요? 목차에 관한 지식 자본이 축적되어 읽는 속도도 빨라지고, 편하게 볼 수 있게 되었을 것입니다.

겨우 5회전만으로는 목차의 모든 내용을 기억할 수 없으며, 아직은 어슴푸레한 상태일 것입니다. 어떤 말은 훅 하고 머릿속으로 들어온 반면, 어떤 말은 전혀 와 닿지 않아서 머리가 받아들이지 않는 그런 상태일지도 모릅니다.

약간 짜증이 올라오고, 확 와 닿지 않는 말, 모르는 말에 신경이 쓰여서, 그것을 진득이 읽고 싶어지는 사람도 있을 것입니다. 그러나 거기에 멈춰서 '이해하려고' 차분히 읽기 시작하면, 기존의 읽기 방법으로 되돌아가버려서 속독이 되지 않습니다.

여기서는 몰두하려고 하는 것을 억지로라도 참고 견뎌 주십시오. 그리고 모르는 부분에 파고드는 대신에, 다시 한번 더 5회전시켜 주십시오.

물론, 처음의 5회전으로 모두 납득한 분은, 거기서 회전을 멈춰도 됩니다. 고속 대량 회전법에는 지식 자본의 양이 관계하고 있기 때문에, 개인차가 있는 것이 당연한 것입니다.

'목차만 열 번이나 반복해서 읽는다고?'

그렇게 생각했을지도 모르지만, 읽는 속도는 횟수를 거듭할수록, 조금씩 빨라지기 때문에, 실제로 해보면 생각보다 쉽게 할 수 있습니다.

1분에 5회전이라는 것은 2분에 10회전입니다. 게다가 속도는 점점 빨라지기 때문에, 실제로는 더 짧은 시간에 읽을 수 있습니다.

### '이해하려고 하지 않고 보기' 기술의 힌트

목차를 수 분간 5회전, 10회전 시켰는데, 회전시키는 동안에 '소리를 내지 않고 보기', '이해하려고 하지 않고 보기' 같은 속독 기술도, 조금씩 사용할 수 있게 되었을 것입니다.

목차는 긴 문장이 아니고, 범위가 한정되어 있기 때문에, 한 번에 대량 회전이 가능합니다. 따라서 속독 기술을 발휘하기 쉽고, 속독의 감각을 파악하기 쉽습니다.

이제부터, 들어가며·나오며 그리고 본문으로 들어갈 건데, 문장이 되면, 아무래도 '소리를 내려고' 하거나, 글자의 논리적인 흐름을 파악하려고 해서 '이해하려고' 하게 됩니다. 우선은 앞서, 목차를 회전시키면서 파악한 '소리를 내지 않고 보기', '이해하려고 하지 않고 보기'의 감각을 기억해두십시오.

여기서 중요한 것은, 신체의 감각입니다.

'소리를 내지 않고 보기', '이해하려고 하지 않고 보기' 상태라는 것은, 자세로 말하면 앞으로 쏠리지 않은, 전체를 관망하듯이 조금 뒤로 물러난 상태입니다.

'이해했다'라고 기뻐하거나 '모르겠다'라고 의기소침하는 것이 아니라, 이해되는 부분도 모르는 부분도 있는 그대로 받아들이는 안정된 상태입니다.

안다, 모른다에 일희일비하는 것이 아니라, 어디를 이해하고 있는지 어디를 모르는지를 사무적으로 구분하는 일에 집중하는 것입니다.

이렇게 하면, 편하게 속독을 실시할 수 있게 됩니다. '모르는

부분'이 어딘지, 아무것도 몰랐던 상태와 비교해봐 주십시오. '모르는 부분'에 대해 모르는 상태는 그대로이지만, 그 모르는 부분이 어디인지를 '아는' 것은 큰 성과입니다.

또한 '무심코 소리를 내려고 한다'라는 사람이 있을지도 모릅니다.

그런 사람은 책을 읽으면서, 거기에 있는 글자와 머릿속에 있는 지식 자본을 울리듯 해보세요. 소리를 없애려고 하는 것이 아니라, 지식 자본과 함께 울리도록 해서 소리로 하려고 하는 버릇을 없애는 것입니다.

글자라는 것은 원래 우리 인간이 목소리를 내서 소리로 하고 있던 말을 형태로 만든 것입니다. 책을 읽는 것은 내용을 이해하기 위해서이며, 소리는 결코 사라지지 않습니다. 단, 매번 소리를 내지 않더라도, 이미 소리로 낸 경험이 있는 말은, 소리가 상기되어서 이해할 수 있습니다.

뒤집어 말하면, 한 번도 소리로 낸 적도, 읽은 적도 없는 말은, 보는 것만으로는 이해할 수 없다는 것입니다. 그런 말과 표현은 음독할 필요가 있습니다. 몇 번 정도 음독하면, 매번 다시 소리로 내려고 하지 않아도 이해할 수 있게 됩니다.

## 목차의 다음은 '들어가며·나오며'

목차를 5~10회전 하면서, 목차에 익숙해져서 전체의 흐름도 대강 파악되었다면, 다음은 '들어가며·나오며'(이 책과 같이 '시작하며·끝내며'와 같은 표현으로 되어 있는 책도 있습니다)입니다. 바로 본문으로 들어가지 않는 까닭은, 들어가며·나오며에는 그 책의 목적과 최종적인 결론이 간단하게 정리되어 있는 경우가 많기 때문입니다.

들어가며·나오며를 읽으면서, 본문 읽기에 도움이 되는 지식과 정보 등의 지식 자본을 효과적으로 축적할 수 있습니다.

저도 여러 번 겪은 일인데, 책을 쓰는 과정 속에서, 책에 쓴 내용을 깊이 이해해서 새로운 발견이 일어납니다. 집필하는 동안에 자신이 말하고 싶은 것, 쓰고 싶은 것이 무엇인지 이해되는 경우가 자주 있습니다. 그리고 글을 막 다 썼을 때 따끈따끈한 상태에서 적는 것이, 들어가며·나오며입니다.

그러므로 들어가며·나오며에는 저자의 문제의식 그리고 가장 전달하고 싶었던 내용, 책의 전체 구성 등이 간략하고 뜨겁게 적혀 있는 것입니다.

## '들어가며·나오며'도 읽지 않고 '보기'

목차와 다르게 '들어가며·나오며'는 문장으로 되어 있는데, 물론, 여기서도 한 자 한 자씩 읽거나 찬찬히 읽는 것은 아닙니다. 가능한 한 '소리를 내지 않고 보기', '이해하려고 하지 않고 보기'를 의식해서 '고속'으로 읽어갑니다. 한 번으로 이해하려 하지 말고, 몇 번이고 반복해서 '대량 회전'시킵니다.

목차를 회전시키면서 익힌 감각을 떠올려 보십시오. 한 걸음 뒤로 물러선 자세, 담담하게 아는 부분과 모르는 부분을 구분한다, 그리고 머릿속의 지식 자본을 울리게 하는 감각입니다.

만약 장의 제목이 붙어 있다면, 우선은 장의 제목만을 주워 읽거나, 그 책의 목적과 결론이 적혀 있는 부분만을 찾아서 읽거나, 들어가며·나오며 가운데서도 대상을 한층 추려서 쉽게 고속 대량 회전시킬 수 있습니다.

번역서라면, 역자의 나오며가 붙어 있는 것이 있는데, 그것도 매우 다부지게 요약되어 있는 경우가 많으므로, 우선은 그 부분을 고속 대량 회전시킵시다.

들어가며·나오며를 읽을 때는, 앞서 막 축적한 목차에 관한 지식 자본이 도움이 됩니다. 거기서 축적된 키워드를 비롯한 단어, 전체의 흐름 등과 대조해보는 것으로, 들어가며·나오며도 처음부터 빠르고 깊이 있게 읽을 수 있습니다. 그리고 반복함으로써, 들어가며·나오며에 관한 지식 자본을 축적, 더 빠르고 깊이 있게 읽을 수 있게 됩니다. 5~6분간 열 번 회전시키는 것을 목표로 회전시켜 봅시다.

### 책을 '읽는다'라고 하기 위해서는?

지금까지 목차와 들어가며·나오며로 범위를 추려서 회전시켰습니다. 시간은 10분이 채 안 될 정도입니다.

기존의 읽기 방법이었다면, 고작 10분의 시간이라면 본문을 겨우 십 수 페이지 정도 읽었을 정도겠죠. 그리고 이른바 '한 권에 10분!'의 속독이라면, 본문 전체를 한 번 읽었을지도 모릅니다.

그렇다면 어떤 유형이 그 책을 '읽었다'라고 할 수 있는 것일까요?

일반적으로 생각하면, 목차와 들어가며·나오며밖에 읽지 않았다면, 비록 조금이기는 해도 본문을 읽은 쪽이 '책을 읽었다'라고 할 수 있을지도 모릅니다.

그러나 사이토 다카시 씨는 앞서 소개한 《독서력》에서 "책을 읽었다고 하는 것은, 우선 [요약할 수 있다]는 것이다"라고 서술했습니다. 이 '읽었다'의 정의가 가장 적합하다고 수긍하는 사람이 많을 것입니다.

그렇다면 다시, 어떤 유형이 그 책을 '읽었다'라고 할 수 있는 것일까요?

시험 삼아 목차, 들어가며·나오며에서 얻은 정보로 이 책이 어떤 책인지에 대해 이야기해 봐주십시오. 애매한 부분은 있을지언정, 상당 부분 이야기할 수 있을 것입니다.

이렇게 생각하면, 목차와 들어가며·나오며로 범위를 추려서 고속 대량 회전하는 쪽이 본문을 읽은 것보다도 '읽었다'라고 할 수 있을 것입니다.

물론, 목차와 들어가며·나오며만 읽으면 된다든가, 그것만으로 책을 이해할 수 있다는 말은 아닙니다. 하지만, 10분만 있다면 반복해서 읽는 것으로, 지식 자본을 축적해 목차와 들어가며·나오며를, 깊고 빠르게 읽을 수 있게 됩니다. 잘 알고 있는 책에 한하지 않고, 어려운 책이라도 그 책에 관해 이야기할 수 있게 될 것입니다.

## SECTION 07
# 대상을 추려서 쉽게 회전시킨다

### 본문은 장의 제목 골라 읽기부터 시작한다

드디어 본문으로 들어가는데, 여기에서도 가능한 한 '소리를 내지 않고 보기', '이해하려 하지 않고 보기'의 속독 기술을 사용합니다. 그러기 위해서는, 무턱대고 본문 전체를 읽는 것이 아니라, 대상을 추렸다가 점차 넓혀 갈 필요가 있습니다.

구체적으로는 '장의 제목'입니다. 본문의 페이지를 모두 넘기면서 보되, 우선 장의 제목이라는 대상에 한정시켜서 보는 것입니다(그리고, 책의 커버는 회전시키기 쉽도록 벗겨 둡시다).

이것은 페이지를 넘긴다는 작업을 제외할 경우, 목차를 회전시키는 것과 같은 방식입니다. 이미 축적된 지식 자본이 있으므로 편하게, 그리고 빠르게 볼 수 있습니다.

미리 목차를 읽어서 이미 알고 있는, 익숙한 단어를 보는 것이 되므로, 쉽고 빠르게 할 수 있을 것입니다. 또한, 장의 제목만을 본다고는 하지만, 자연스럽게 장의 제목 이외의 본문과 도표도 눈에 들어오게 됩니다.

'아, 이런 내용이구나', '이게 키워드구나' 이렇게 자연스럽게 눈으로 들어오는 정보가 있습니다. '이런 책이로구나'라고 전체적인 책의 분위기도 알게 되고, 그렇게 되면 책 자체에 익숙해지게 됩니다.

그 밖에도, 장의 제목을 읽으면서 '이건 뭘까?', '이 장의 제목은 어떤 의미일까?' 등 궁금한 부분이 생기겠죠.

여기서 '이해하려고' 해서 본문 자체를 읽고 싶을 수도 있는데, 몇 분 안에 읽기를 끝내야 하므로 '이해하려고' 하지 말고, 꾹 참도록 합니다.

### 두꺼운 책에도 금세 익숙해지는 읽기 방법

'장의 제목만 봐도 괜찮다.'

그렇게 생각하면, 책의 페이지를 넘길 때 마음이 홀가분하지 않나요?

　새로운 분야의 책, 어려운 전문서 등은, 책을 펼치는 데도 저항을 느끼게 됩니다.

　일전에 한 지인이 '택지 건물 거래사 시험을 보려고 교재를 샀는데, 좀처럼 읽을 수가 없네…'라며 상담을 해왔고, 장의 제목 추려서 읽기를 시작하라고 추천했습니다.

　그러자 다음 날, 바로 '장의 제목 추려서 읽기를 시작했어' 라고 연락받았습니다. 발상의 전환으로 '두꺼운 교재를, 쉽게 볼 수 있게 되었다'라는 것입니다.

　다짜고짜 본문을 전부 읽고, 이해해야 하는 상황이 되면, 그 분량에 압도되어버리고 맙니다. 그러나 '우선은 장의 제목만 봐도 괜찮다'가 되면, 기억해야 할 정보량이 단숨에 줄어들기 때문에, 스스로 통제할 수 있게 됩니다.

　처음에는 모르더라도 장의 제목을 회전시키다 보면, 어떤 이미지가 생성되고, 익숙해집니다. 그것을 토대로 하면, 혹여 완전히 이해하지는 못한다고 하더라도, 스트레스 없이 본문도 읽을 수 있게 되는 것입니다. 5~6분 동안에 3회전을 목표로 읽어봅시다.

### 매일 아침 휘리릭 신문을 훑어보는 느낌으로

장의 제목 읽기는, 처음 한동안은 낯설다는 느낌이 들지도 모릅니다. 그러나 사실은 이미 비슷한 일을 매일 하고 있지 않나요?

그것이 무언가 하면 바로 신문 읽기입니다.

1면부터 마지막 면의 TV 편성표까지 순서대로 모든 기사를 다 읽어 나가는 사람은, 거의 없을 거라고 생각합니다. 대다수의 사람들에게는 매일 아침 그러고 있을 시간이 없을 것입니다.

'나는 스포츠 란부터', '아니, 1면의 칼럼부터'처럼 자신의 습관에 따르면서도, 종이를 넘기며 장의 제목을 훑어보면서 내용이 궁금한 기사를 골라 읽는 것이 일반적입니다.

매일 모든 기사를 읽지 않는다고, 한동안 신문을 읽지 않았다고 해도, 죄책감을 느끼는 사람은 적을 것입니다. 상당히 자유롭게 읽고 있다는 것입니다.

그런데 그 대상이 책이 되면, 그 순간 태세를 전환하는 것이 신기한 부분입니다.

신문을 읽을 때 자연스럽게 골라 읽기를 하듯이, 책에서도 실행해보십시오.

## 속독을 가속화하는 '책에 맞장구'

이제부터 드디어 본문 읽기 방법으로 들어가는데, 그전에 '이해하려고 하지 않고 보기' 위한 간단한 비법을 다시 한번 소개해두겠습니다.

그것은 책의 내용에 '공감'하는 것입니다.

'그렇구나!'
'과연.'

이런 식으로 장의 제목은 물론, 저자의 이야기에 맞장구를 치면서, 부정하지 말고 받아들이면서 읽는 것입니다. TV에 나오는 개그맨 콤비의 츳코미[12] 역할이라고 생각하면 좋을 것 같습니다. 츳코미는, 주야장천 떠들지 않습니다. 마치 노래의 추임새처럼, 상대의 이야기에 흥을 북돋아주고, 이야기를 퍼뜨리기 위해, 짧은 단어로 적재적소에 들어옵니다.

---

12) 일본 예능 형식의 하나인 만자이에서 파생된 단어입니다. 기본적으로 '보케'와 '츳코미'라는 2개의 역할로 이루어집니다. 만죽을 걸거나 트집을 거는 역할이 츳코미, 엉뚱한 말 엉뚱한 행동을 하는 역할을 보케라고 합니다. - 역자 주.

그렇다고 이게 책의 내용, 의견, 주장에 반드시 찬성하자는 의미는 아닙니다. 많이들 비판적인 책 읽기의 중요성을 이야기하곤 합니다. 그것을 부정하는 것은 아닙니다.

단박에 찬성, 반대, 올바르다, 잘못되었다고 평가 판단을 내리는 것이 아니라, '그렇구나. 이 저자는 이렇게 생각하고 있구나'처럼 상대의 주장을 그대로 받아들이는 것입니다. 우선은 상대의 이야기를 곧이곧대로 듣기라는 이미지로 생각하면 좋겠습니다.

알찬 비판을 탄생시키기 위해서도, 우선은 '공감'하는 것이 중요합니다. 미팅이나, 협의할 때도 흔히 있는 일인데, 상대의 이야기 도중에 시비를 걸거나, 구구절절 파고들거나 하면, 본질에 닿기도 전에, 이야기가 쓸데없이 길어지게 됩니다.

책도, 이와 마찬가지입니다. 우선은 '과연 그렇군'이라고 상대의 주장, 의견을 받아들이며, 듣듯이 읽는 것이 빨리 읽기로 이어지는 것입니다.

속독 교실 가운데는 '과연'이라고 마음속으로 외치는 것이 속독의 궁극적인 비결이라고 하는 곳이 있습니다. 속는 셈 치고 꼭 '과연 그렇군'이라고 마음속으로 외치며 읽거나, 일단은 형식적으로라도, 끄덕이면서 읽어 봐주십시오.

그렇게 하면, 자연스레 '이해하려고 하지 않고 보기' 위해 필요한 '마음의 진정'이 탄생합니다. 집중력도 끊기지 않게 됩니다. 꼭 시도해주십시오.

## 전반 15분 동안에 책 전체의 구조가 보인다

이렇게 책 전체 페이지를 넘기며 장의 제목으로 대상을 추려서 3회전을 실시합니다. 책의 페이지 수에 따라 달라지지만, 일반적인 서적이라면 5~6분 만에 끝날 것입니다.

처음부터 여기까지 걸린 시간은 목차, 들어가며, 나오며, 그리고 본문의 장의 제목과 범주까지 대상을 넓혀서 약 15분 정도입니다. 이 15분 동안에 책 전체의 흐름, 본문에 나오는 단어 등 상당한 지식 자본이 축적되었습니다.

그 밖에도, 어느 부분에 흥미가 생기는지, 그렇지 않은지 등의 감각도 얻었을 것입니다. 그것은 책을 열기 전에 생각하고 있던 것과 다를 가능성이 있습니다. 어떤 주제를 가지고 친구를 만나러 갔는데, 애초의 목적과는 다른 주제로 대화가 화기애애해지거나 하는 일은 자주 있습니다.

게다가 거기에는 목차와 들어가며·나오며까지도 포함해서 10회전 이상을 봤다는 경험이 있습니다. 그 경험이 책에 대한 친근감을 만들어내서, 뇌를 편한 상태로 만들고, 나아가서는 세세한 부분으로까지 의식을 향하게 하는 여유를 탄생시킵니다.

### 후반 15분 동안 회전시키며 세부로 들어간다

전반 15분간의 고속 대량 회전으로 축적된 지식 자본의 힘으로, 책을 편하게 빠르게 읽을 수 있게 되었습니다. 남은 15분 동안에도, 계속해서 회전시켜서 지식 자본을 축적하면서 점점 세세한 부분으로 들어갑니다.

단, 여기서도 범위를 추렸다가, 점점 넓혀가는 것이 중요합니다. 우선은 궁금한 단어와 내용이 있는 부분을 중심으로 읽습니다.

앞서 책 전체 페이지를 넘기면서, 장의 제목을 추려서 읽으라고 했는데, 그러면서도 본문의 단어가 눈에 들어와, 궁금한 단어가 생겼을지도 모릅니다. 또한, 목차와 장의 제목을 읽으

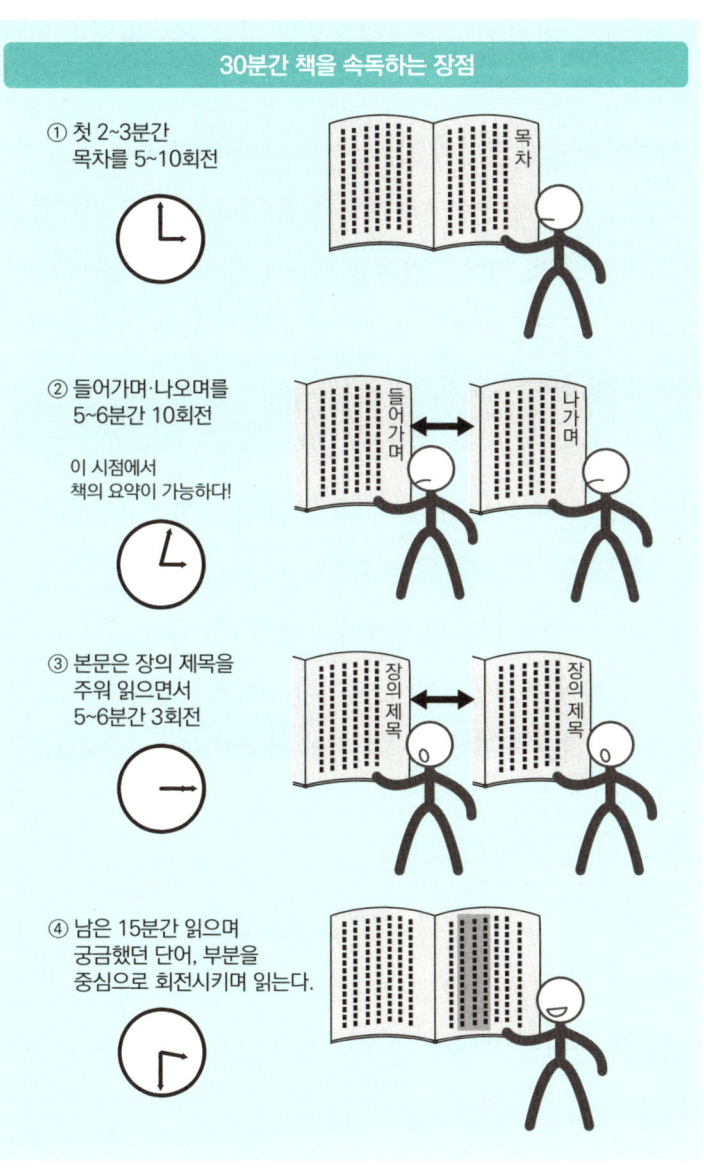

면서, '읽고 싶다!'라고 강하게 흥미를 끄는 장도 있었을 것입니다.

이번에는 그런 단어와 장을 중심으로 읽어갑니다.

그리고, 여기에서도 고속 대량 회전입니다. 1회로 이해하려고 하지 말고 몇 번이고 반복할 것을 전제로, '소리를 내지 않고 보기', '이해하려고 하지 않고 보기'라는 속독 기술을 의식하면서, 몇 번이든 회전시켜 갑니다.

뭔가 궁금한 단어가 있다면, 앞서 장의 제목 읽기와 마찬가지로 키워드만을 찾아서, 그것이 포함된 문장과 그 주변을 중심으로 읽어갑니다.

이때도 꼼꼼히 읽고 이해하려고 생각하지 말고, 편하게 보면서 몇 번이든 회전시켜서, 서서히 이해하는 것을 목적으로 합시다. 그리고 거기서 점점 범위를 넓혀서 회전시켜 갑니다.

## '전체'와 '부분'을 항상 왕복

궁금한 단어와 장 등을 중심으로 읽으며, 고속 대량 회전을 실시하면서, 그 중간에 꼭 넣길 바라는 것이 목차 읽기와 책 전체의 장의 제목 읽기입니다.

지금까지 목차와 장의 제목에 대해서는 상당히 회전시켰는데, 궁금한 키워드와 궁금한 장 부분을 파고든 후에 다시 전체를 보면, 새로운 발견이 제법 있기 때문입니다.

책 전체의 흐름과 그 주장을 더 깊이 이해할 수 있는 경우도 있고, 전체의 흐름에서 키워드와 장을 바라봄으로써, 각각에 대해 더 이해가 깊어지는 일도 있습니다.

또한, 지금까지 깨닫지 못했던 키워드가 보이거나, 지금까지 흥미가 끓어오르지 않았던 장에 대해 그 중요성을 이해하게 되면서, 갑자기 그 장을 읽고 싶어지기도 합니다.

**이렇게 전체와 부분을 왔다 갔다 하는 것도, 멈추지 않고 고속 대량 회전을 계속하기 위한 비법입니다.** 궁금한 부분이 있으면, 거기에 빠져들어서, 시나브로 천천히 읽고 있는 일은 자주 발생할 수 있습니다. 그럴 때는 다시 전체로 돌아가서 보는 것이 효과적입니다.

**SECTION 08**

# '지금 이해한 내용'이 책의 전부는 아니다

### 속독이라는 읽기 방법, 이해 방법에 익숙해지기 위해

지금까지 30분간 읽고 싶은 책을 고속 대량 회전시켜 본 감상은 어떤가요?

기존의 읽기 방법과는 전혀 다른 감각이었을 것입니다.

처음에는 '이런 읽기 방법으로 이해가 되겠어?'라는 막연하고, 안개가 낀 것 같은 느낌이 들었을 것입니다. 하지만 아마도 중간쯤부터 갑자기 안개가 걷히고, 이해가 진행되는 순간이 있지 않았나요?

이 기존의 읽기 방법과 다른 속독, 고속 대량 회전법의 감각과 꼭 친해져 보십시오.

'무심코, 소리를 내려고 웅얼거리고 있었다.'
'당장 알고 싶어서, 결국 지금까지의 읽기 방법으로 되돌아가버렸다.'

이런 사람도 있을 것입니다. 속독은 기존의 읽기 방법의 연장이 아니라, 질이 다른 읽기 방법이기 때문에 역시 익숙해질 필요가 있습니다. 고속 대량 회전법을 실천하다 보면, 반드시 속독의 감각을 잡을 수 있는 것입니다.

### 30분 만에 읽지 못하면 안 되는가?

'30분 만에 다 읽지 못했다.'
'모르는 내용이 상당 부분 남아 있다.'

그런 사람도 있을 것입니다. 30분이라는 것은 어디까지나 기준입니다. 당연히 손에 잡아든 책의 난이도와 분량에 따라서, 읽을 수 있는 분량과 이해도는 달라집니다. 그리고 설령 본문 전체를 눈으로 훑지 못했거나, 전부 이해하지 못했다고 해도, 의기소침할 필요는 없습니다. 읽으면서 이해한 부분, 이해하지 못한 부분을 되짚어 봐주십시오.

'이해하지 못한 부분'이 어딘지 아는 것도, 큰 진전입니다. '이해하지 못한 부분'이야말로 진정 큰 의미가 있습니다. 지금까지 가지고 있던 자신의 틀을 넘은 것이며, 자기를 성장시키는 양식이 될 수 있습니다.

또한 고속 대량 회전시키면서 지식 자본을 축적했다고는 하지만, 전부 이해할 수 있을 리는 없습니다.

단, 속독으로 반복해서 읽어도 이해하지 못하는 부분은, 아마 아무리 천천히 꼼꼼히 정독한다고 하더라도 이해할 수 없을 것입니다. 지금의 당신에게는 약간 과중할 뿐입니다.

### '잘 읽었다'라고 생각되는 책이란?

절대로 해서는 안 되는 것은 모르는데 아는 체하는 것, 아는 셈 치는 것입니다. 이것은 스스로의 틀에 갇혀서, 고정관념을 굳히게 할 뿐입니다. 차라리, 모르는 부분을 발견하는 것이 독서다, 라고 받아들이는 정도로 충분합니다.

논픽션 작가인 사노 신이치(佐野眞一) 씨는 책에 대해 다음과 같이 이야기합니다.

"정말 좋은 책에는 사실 해답이 없습니다. 그 대신 독자를 생각에 빠지게 합니다. 책에 해답은 없습니다. 딱 잘라 말하면, 그렇습니다. 해답이 없는 책이 가장 좋은 책입니다. 질문이 많거나, 문제가 산처럼 쌓여 있어서 '이것은 어떨까? 저것은 어떨까?'라고 생각하게 하는 책이 사실은 가장 좋은 책입니다."

- 《누가 '책'을 죽이는가 연장전(PART-2)》, 프레지덴트사

앞으로 책을 더 많이 읽고, 경험을 쌓다 보면, 같은 책이라도 독서 경험이 변화합니다. 이번의 독서 경험을 소중히 여기고, 앞으로 그 책과 당신과의 관계 변화를 기대해주십시오.

### 속독 후의 주의점

'단 30분 만에 이 정도까지 이해할 수 있을 거라고는 생각지도 못했다.'

'30분 만에 쉽고 간단하게 다 읽을 수 있었다.'

이런 체험을 한 사람도 물론 많을 것입니다. 그 감각을 절대 잊지 말아 주십시오. 그리고 더 많은 고속 대량 회전 경험을 쌓아갔으면 좋겠습니다.

동시에 30분간의 속독으로 알게 된 내용이 그 책의 전부가 아니라는 것도 잊지 말아 주십시오. 지금은 '알았다!'라고 생각하는 내용도, 사실은 '아는 셈 치고'일지도 모릅니다. 나중에 다시 읽어보면, 전혀 다른 감상에 다다를 가능성도 있습니다. 이것은 그 책을 읽고 있지 않은 동안에 당신의 지식 자본이 달라졌기 때문입니다.

예를 들어, 당신이 장래에 독립을 목표로, 학창 시절에 그리고 사회생활을 하면서 경영학 책을 읽었다고 합시다. 같은 책을 회사를 창업한 이후에 다시 읽으면, 예전과는 다른 감상을 하게 될 것이며, 이해도도 달라질 것입니다. 그 책에서 멀어져 있는 사이에 경영에 관한 경험치가 붙었고, 실제 체험을 통해서 경영 지식도 얻었기 때문입니다.

## 빠르게 읽어버린 책과도 오래 사귀자

만약, 정말로 '다 알겠다!'라는 책이라면, 사실 그 책은 당신에게 아쉬운 책이었을지도 모릅니다. 당신이 이미 알고 있는 내용을 확인만 했을 뿐일지도 모르기 때문입니다. 그런 경우에는 책과 사귀는 방법을 다시 생각할 기회를 가집시다. 시간에 집착해서 빨리 읽을 수 있는 책만 선택한다면 그것이야말로 시간 낭비이며, 돈 낭비입니다.

30분 만에 다 읽고 확실히 이해는 했을지언정, 그런데도 어딘가 걸리는 부분이 있는 사람도 적지 않을 것입니다.

그거야말로 독서 본연의 모습이 아닐까요?

한 권의 책을 다 읽고, 이해할 수 있었다고 하더라도, 그것은 '현재의 당신'이 이해한 것입니다. 10년 후의 당신은 또 다른 이해에 도달할지도 모릅니다. 10년 전의 자신은 깨닫지 못했던 것을 알아챌지도 모릅니다.

그렇게 생각하면, 독서에는 끝이 없다고 생각해도 좋을 것입니다. 단시간에 다 읽어서 아무것도 남지 않은 책보다, 다 읽은 후에도 오랫동안 신경 쓰이는 부분이 있는 책이

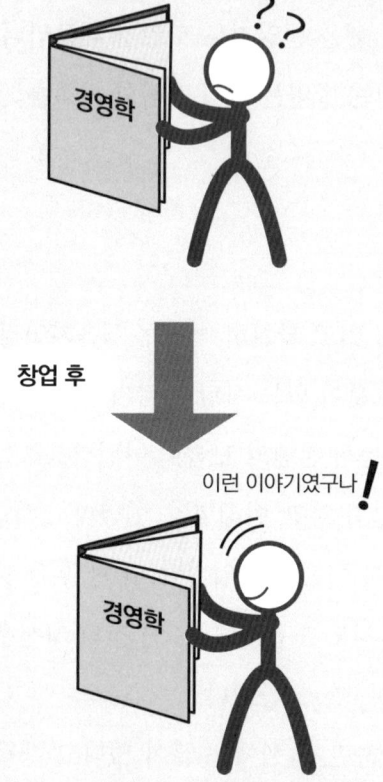

절대적으로 우리의 양식이 되기 때문입니다. 책과는 그렇게 오래 관계할 수 있도록 노력하고 싶습니다.

이 책을 여기까지 읽으면서, 여러분도 지금까지 '읽었다'라고 생각했던 책을 다시 읽어보고 싶어졌을지도 모릅니다.

더불어 애당초 '속독'이란 무엇인가, '독서'란 무엇인가에 대해 다시 생각하기 시작한 사람도 있을 것입니다. 이 내용은 다음 챕터에서 깊이 파고들어 보도록 하겠습니다.

## 소설도 속독할 수 있다

이번 장에서 소개한 30분간 읽기 유형에서는 목차로 시작해 들어가며·나오며를 읽고, 그 후 본문으로 들어가는 과정이었습니다. 그렇기 때문에,

'시험공부나 무언가를 배우기 위한 책은 속독할 수 있더라도, 소설은 불가능하지 않을까?'

라고 생각하는 사람이 있을지도 모릅니다.

확실히, 소설이라면 목차를 읽었다고 해서 전체상을 알 수 있는 것도 아니고, 장의 제목이 없는 것도 있습니다. 또한 나오며는 그렇다 쳐도, 들어가며가 없는 경우가 일반적입니다.

모름지기 소설은, 처음부터 꼼꼼히 읽어가면서, 점차 전체상이 그려지는 부분에 즐거움이 있습니다. 추리소설이 전형적입니다.

그런데 원래 소설은 속독하기 쉬운 책이기도 합니다.

그도 그럴 것이 소설은 새로운 지식, 정보 같은 요소가 적고, 그 책에 관한 지식 자본이 이미 축적된 경우가 많기 때문입니다. '소리를 내지 않고 보기', '이해하려고 하지 않고 보기'라는 속독 기술을 발휘하기 쉽습니다.

또한, 소설은 장면 이미지와 인물 이미지 같은 내용에 관한 이미지를 떠올리기 쉽다는 것도, 빨리 읽기에 도움이 됩니다.

물론, 소설은 시간을 들여서 단어 하나하나를 소리로 내서 맛보며 읽는 것이, 정통적인(orthodox) 읽기 방법이고, 그 읽기 방법만의 장점은 있습니다. 단, 전혀 다른 읽기 방법으로, '소리를 내지 않고 보기', '이해하려고 하지 않고 보기'라는 속독 기술을 사용해서 읽어보면, 또 다른 맛이 느껴집니다. 꼭 시도해 보십시오.

그 책에 관한 지식 자본만 있다면 반복 읽기로 지식 자본을 축적하지 않더라도 '소리를 내지 않고 보기', '이해하려고 하지 않고 보기'라는 속독이 가능합니다.

그리고, 쉽사리 소설을 읽지 못하는 사람, 어려운 소설을 읽는 사람에게 고속 대량 회전법을 추천합니다.

가령, 외국의 고전 소설 같은 책은, 지명도 이름도 처음 듣거나, 낯선 것이 많아서 그리로 의식이 향해 버립니다. 그러면 빨리 읽을 수 없을뿐더러, 깊이 맛볼 수 없는 경우가 적지 않습니다.

이런 경우에는 우선 대충 한 번 통과하는 것입니다. 그리고 두 번, 세 번 회전시킵니다. 처음에 개요를 알았다고 해서, 그 소설의 재미가 사라지는 것은 아닙니다.

이 장에서 소개한 읽기 방법은 어디까지나 참고로써의 표준 패턴입니다.

속독력 = 속독 기술 × (지식, 정보, 경험 등의) 지식 자본

'소리를 내지 않고 보기', '이해하려고 하지 않고 보기'라는 속독 기술과 내 안에 축적된 지식 자본을 의식하면서 일단은

범위와 대상을 추려서 반복적으로 읽는 고속 대량 회전법을 시도해주십시오.

# 효율성을 지나치게 중시하는 '위험한 읽기 방법'

## SECTION 09
# 무엇이 속독을 망치는가

### 독서란 지식과 정보의 '다운로드'가 아니다

고속 대량 회전법을 실천하다 보면, 같은 책을 읽더라도 회전시키면서 지식 자본을 축적하는 가운데 독서 속도와 이해도는 물론, 그 책으로부터 받는 인상과 감상이 변하는 것을 느낄 수 있습니다. 독서란 책과 읽는 사람의 쌍방이 관여해서 창조하는 경험이기 때문입니다.

그러나 독서라고 하면 '컴퓨터 다운로드처럼 책에서 읽는 사람에게 정보와 지식이 일방적으로 보내진다'라는 이미지를 가지고 있지 않습니까? 이것은 초등학교 등 수업의 영향으로 '책=학교 선생님'이며, '독서=선생님이 가르쳐주는 내용을 그대로 배우는 것'이라는 이미지를 많든 적든 떨쳐내지 못하기 때문입니다.

그래서, 독서라고 하면, 무언가 새로운 지식과 정보를 자신의 새하얀 머리에 입력하는, 이른바 다운로드 한다는 이미지를 갖기 쉽습니다.

**그러나 실제로는 책에 적힌 내용이 그대로 뇌에 다운로드 되는 것이 아니라, 읽는 사람이 가진 지식 자본과 반응합니다.**

그 반응 속에서 새로운 지식 자본이 축적되거나, 지금까지와는 다른 의견과 생각을 하게 되면서, 읽는 사람이 변화되는 것입니다. 이렇게 읽는 사람이 변화되기 때문에, 같은 책이라도, 같은 문장이라도 다음 회전 시에는 반응이 또 달라지고, 독서 경험이 매번 달라지는 것입니다.

독서는 얼핏 보면, 조용한 움직임 같이 보이지만, 거기에서 일어나고 있는 일을 잘 살펴보면 다양한 반응과 변화가 일어나는 역동적인 체험입니다.

## 지식 자본을 효과적으로 활용하는 '경제적'인 읽기 방법

그러나 대부분의 속독법이 이 '독서=다운로드'라는 발상에 머물러 있습니다. 그래서 속독에 크게 관여하는 읽는 사람의 지식 자본을 무시하거나 경시하고 있는 것입니다.

그리고, 무작정 '다운로드 속도'를 올리려고, 시점을 재빨리 이동시키거나, 시야를 넓히거나 해서, 다운로드 회선의 굵기를 두껍게 하려고 합니다. 고속으로 다운로드만 하면, 뒷일은 뇌가 처리해준다고 생각하기 때문입니다.

실제로는 인간의 뇌는 컴퓨터와 달라서, 책에서 읽는 사람에게로 일방통행 같은 다운로드는 일어나지 않습니다. 독서란 책과 읽는 사람과의 이른바 '콜라보레이션(협동 작업)'이며, 책과 읽는 사람 사이에 일어나는 공명현상이라고 하는 것이 맞을 것입니다.

그리고 본래 속독이란 책과 읽는 사람의 지식 자본과의 반응, 공명을 적극적으로 활용하는 읽기 방법입니다.

물론, 기존의 읽기 방법으로도 지식 자본과의 반응, 공명은 일어나고 있습니다. 단, '이해하려고' 의식해서 소리를 내서 읽으면, 책으로만 의식이 향하고, 자신 안에서 발생하고 있는

## 독서는 뇌로 다운로드 하는 것이 아니다

**다운로드 발상**

일방적으로 책을 읽는 사람에게 정보와 지식이 저장된다.
실제로는 이렇게 되지 않는다.

**실제 독서에서 일어나는 일**

책의 정보 및 지식과 읽는 사람의 지식 자본이 반응해서
기억, 이해가 진행된다.

반응, 공명으로는 의식이 향하지 않아서 그것을 활용하지 못합니다.

한 자 한 자, 그 의미와 논리적인 연결을 생각하면서 이해해 가는 기존의 읽기 방법에 비해 속독이란 이미 가지고 있는, 혹은 새롭게 축적된 지식 자본을 효율적으로 활용하는 '경제적'인 읽기 방법이라고 할 수 있습니다.

이 지식 자본의 힘을 지금까지의 속독법이 모른척 하는 데 반해, 고속 대량 회전법은 정면으로 마주하고 있습니다.

고속 대량 회전법을 실천하고, 속독 체험을 쌓아갈수록, 책을 읽을 때, 내 안에서 일어나고 있는 반응, 공명에 점점 민감해집니다.

책 속의 단어와 문장을 통해, 자신의 과거 기억이 떠오르거나, 다양한 감정이 생기는 것도 자각할 수 있게 됩니다. 독서에 있어서 지식 자본의 힘을 자각하고, 활용할 수 있게 되는 것입니다.

속독이라고 하면, 무조건 속도를 추구하는 표면적이고 얕은 읽기 방법처럼 생각하기 쉽습니다.

그러나 실제로는 읽는 사람의 지식 자본을 최대한 사용해서 읽기 때문에, 정보나 신체를 포함한 모든 것을 투입하는 깊은 읽기 방법입니다. 그래서 기존의 읽기 방법보다, 속독하는 것이 책이 가지고 있는 세계로 더 깊숙이 들어가고, 진하게 맛볼 수 있다고 할 수 있습니다.

## 비법은 '책을 읽고 있는 자신을 읽는다'

예전에 자주 읽던, 한 속독 관련 사이트에 다음과 같은 말이 있었습니다.

"속독이란 책을 읽는 것이 아니라, 책을 읽고 있는 자신을 읽는 것이다."

이것을 읽을 당시에는 잘 와 닿지 않았는데, 지금은 이것이 속독의 비법이라고 생각합니다.

'책을 읽고 있는 자신을 읽는다'란, 내 안에서 일어나는 책과 나와의 반응, 공명으로 의식을 향하게 하고, 그것을 받아들이는 것이라고 생각하기 때문입니다.

많은 속독법에서는 책에 대한 집중력을 높인다고 해서, 복식 호흡 등의 호흡 제어나 자세 등의 신체 제어를 통한 훈련을 실시합니다.

그러나, 실제로 속독에서 중요한 것은, 책과의 반응, 공명을 일으키기 쉽게 하고, 그것을 확실히 포착하는 것입니다.

책과의 반응, 공명은 일으키되 그것에 휘둘리지 않는…. 쉽게 말하면, 울림이 좋은 태고[13]를 듣는 듯 편하게 집중한 상태입니다.

이 상태가 되기 위해서 어떤 특별한 훈련을 할 필요는 없습니다. 이것도 같은 책을 반복해서 읽으면 자연스럽게 숙달되기 때문입니다. 고속 대량 회전시키면서, 그 책에 익숙해지고, 거기에 나와 있는 단어와 문장에 조금씩 익숙해지면 끝나는 것입니다.

속독 교실에서 실시하는 훈련을 통해서 마음을 단련하지 않아도, 속독에 필요한 집중력을 가질 수 있습니다. 반복해서 읽는 것만으로 충분합니다.

---

13) 큰북(太鼓), 타악기의 하나입니다. 나무나 쇠붙이 따위로 만든 둥근 통의 양쪽 마구리(면)에 가죽을 팽팽하게 씌우고, 채로 가죽 부분을 쳐서 소리를 냅니다. - 역자 주.

## 속독의 약점도 지식 자본에 숨어 있다

이처럼 고속 대량 회전법이 되었든, 기존의 독서법이 되었든, 본래 속독이란 지식 자본을 적극적으로 활용하는 효율적인 읽기 방법입니다. 하지만 그래서 약점이 있습니다.

지식 자본을 활용한다는 것은 뒤집어 말하면, 지식 자본에 의존한 읽기 방법이라고도 할 수 있기 때문입니다. 읽는 사람이 가진 지식 자본에 따라서, 독서 속도와 이해도가 크게 달라지는 것은 물론, 자신이 가지고 있는 지식 자본에 휘둘려서, 책의 내용을 지레짐작하거나, 지식 자본 범위에서 이해한 셈 치고가 될 위험성이 있습니다.

'순식간에, 10분 만에 다 읽었어!'
'드문드문 읽었을 뿐인데 이해하겠어!'

그런 식으로 '읽었다!', '이해했다!'라고 생각하고 있는 경우, 사실은 그저 자신이 이미 알고 있던 것, 이해하고 있던 것이 많습니다.

그러므로 지식 자본을 활용하면서 읽고 있다는 사실을 철저히 자각해야 하고, 반복해서 읽어야 하며, 지식 자본 자체를 축적해야 하고, 이해의 재검토가 필요한 것입니다.

그러나 최근에 유행하고 있는 속독법을 살펴보면, 지식 자본을 활용하면서도, 그것을 자각하지 않고 끝내고 있습니다. '간편하다'라고 할까요 '속 편한' 속독법이 늘고 있습니다.

## 사무적인 '간편한 속독법'

챕터 1에서 소개했는데, 기존의 독서법은 시점 이동 훈련과 기호 읽기 훈련 등, 다양한 눈과 의식의 훈련을 실시했습니다.

그런 단조롭고 절제된 훈련 때문에 좌절하는 사람도 많았는데, 요즘에는 그런 훈련을 하지 않아도 속독이 가능하다는 것을 주장하는 '간편한' 속독법이 인기를 끌고 있습니다.

그중 하나는 경영 컨설턴트인 간다 마사노리(神田昌典) 씨가 미국에서 가지고 온 '포토리딩(Photo Reading)'입니다. 경제 평론가인 가쓰마 가즈요(勝間和代) 씨가 실천하고 있는 방법으로도 화제가 되었습니다.

다른 하나는, 기업 경영인 혼다 나오유키(本田直之) 씨가 스스로 실천하는 독서법으로 소개한 '레버리지 리딩(Leverage Reading)'입니다. 독서를 투자 활동으로 포착해서, 최소의 투자로 최대의 성과를 올린다는 사업적인 발상을 도입시킨 것입니다.

포토리딩은 이틀간의 집중 강좌를 제공하고 있는데, 기존 독서법의 '훈련' 같은 요소는 거의 없습니다. 눈 사용법이나 자세 같이 사소한 부분까지 까다롭게 다루지 않고, 시끌벅적하게 즐기며 진행하는 세미나입니다.

레버리지 리딩은 눈 훈련 등을 실시하는 기존의 독서법과 다르다는 것을 전면에 내세운, 속독 기술을 사용하지 않는 '다독법'으로 평가되고 있습니다. 특별한 강좌나 세미나는 없습니다.

경영 컨설턴트나 기업 경영인 같은 사업 분야에서 파생된 두 가지 속독법은, 기존의 속독법과 같은 심심한 훈련이 거의 필요 없고, 바로 활용이 가능하다는 점에서 하루하루 대량의 정보 처리에 쫓기는 비즈니스맨의 호응을 얻었습니다.

### '간편한 속독법' 그 까닭은?

이 두 가지 속독법에 대해서는 앞으로 해설하겠지만, 둘 다 '간편함'을 가능하게 하는 것은, 읽는 사람의 지식 자본을 활용하고 있기 때문입니다.

그러나 그것을 자각하지 못하는 '간편함'이, 속독을 깊이 없는 얄팍한 것으로 만들고, '독서'의 근본에서 벗어날 위험성도 내포하고 있습니다.

구체적으로는 다음과 같은 '속독'이 되어버립니다.

- **책의 모든 것을 '아는 셈 치는' 것이 되는 '착각 속독'**
- **책에서 자신이 원하는 정보만을 찾고 만족하는 '검색 속독'**

다음 섹션에서는 왜 '간편한' 속독법이 이런 속독으로 변모해버리는 것인가, 어떻게 하면, 이런 속독의 한계를 넘어선 속독이 가능할까에 대해 한층 구체적으로 설명하겠습니다. 그러면, 당신이 속독을 실천하고, 진정 효율적으로 사용할 수 있는 길이 보이게 될 것입니다.

# SECTION 10
# '착각 속독'과 포토리딩

## 궁극적인 다운로드 발상

지금, 일본에서 가장 잘 알려진 독서법은 '포토리딩'일 것입니다.

2001년에 번역 출판된 해설서인 《포토리딩-당신도 지금보다 10배 빠르게 책을 읽을 수 있다》(폴 R. 쉴리(Paul R. Scheele), 포레스트출판)는 수십만 부나 팔린 베스트셀러가 되었습니다.

이 '포토리딩'은 '포토', 즉 '사진'이라는 단어에서 알 수 있듯이, '뇌 안에 베껴 찍는' 것처럼 읽을 수 있다는 것을 판매 전략으로 한 속독법입니다. 해설서에는 다음과 같이 적혀 있습니다.

"'포토리딩'을 통해서 당신은 인쇄된 페이지를 뇌에 베껴 찍는 것으로, 뇌라는 필름(FILM)에 문서의 패턴을 인식시키는 것입니다."

'뇌에 베껴 찍는' 읽기 방법이란, 1초에 1페이지의 속도로 페이지를 넘기면서 글자에는 초점을 맞추지 않고, 펼쳐진 페이지 전체를 멍한 상태로 바라보기만 하는 것입니다. '의식'을 개입시키지 않음으로써, '시각 정보는 전의식(Preconscious) 수준에서 처리되고, 뇌의 무의식에 있는 거대한 데이터베이스 영역에 직접 저장된다'라는 것입니다.

그야말로, 제가 이 장의 앞부분에 기재한 '다운로드' 발상입니다.

'정말로 그런 읽기 방법으로 책의 정보를 다운로드 할 수 있을까?'

그렇게 생각하는 사람도 많을 텐데, 포토리딩에서는 그런 의문 자체가 성립되지 않습니다. 왜냐하면, 포토리딩에서는 의식을 우회하기 때문에, 설령 의식 수준에서 아무런 정보를 받아들이지 않는다고 하더라도, 무의식 수준에서는 정보를 확실히 받아들이고 있다고 생각하기 때문입니다. 즉, 의문을 가지는 것 자체가 불가능한 것입니다.

"그렇다고 무의식 수준이고 뭐고 정보가 들어오지 않는다고 확신해서는 안 됩니다. 그렇게 믿어버리면, 정말로 그 부정적인 일이 일어나기 때문입니다." (앞의 책)

말하고 보면 '믿을 수밖에 없는' 이유입니다. 기왕이면 믿고 싶기는 한데, 이것이 읽은 책을 모두 '이해한 셈 치고'가 되는 '착각 속독'을 탄생시키기 때문에 주의가 필요한 것입니다.

## 고속 대량 회전법과 닮은 것 같지만, 전혀 다르다

'착각 속독'을 탄생시키는 과정을 이야기하기 전에, 포토리딩에 대해 조금 더 설명하겠습니다.

사실은 앞서 소개한 '뇌에 베껴 찍는' 읽기 방법은 전체 흐름의 한 단계에 불과합니다. 전체는 5개의 단계로 구성되어 있으며, 포토리딩 자체는 세 번째 단계로 이루어져 있습니다.

우선, 제일 먼저 '준비' 단계에서는 책을 읽는 목적을 명확하게 하거나, 집중상태를 만듭니다. 다음은 '예습' 단계로, 목차 등을 읽습니다.

그리고, 포토리딩한 후에는 '복습'과 '활성화' 단계로 목차를 다시 읽거나, 키워드를 확인하거나 합니다. 그러고는 슈퍼 리딩(Super Reading), 고속 리딩(Fast Reading)이라고 불리는 다양한 읽기 방법으로, 몇 번이고 반복해서 읽습니다.

'포토리딩을 사용하면 뇌에 다운로드 할 수 있는데, 왜 여러 번 읽지?'

그렇게 생각하는 사람도 많을 텐데, 뇌에 다운로드 된 정보를 끄집어내기 위해서는 분류와 패턴 인식이 필요하고, 그것을 위해서 여러 번 반복해서 책을 읽는다고 합니다. 즉, 새로운 정보를 축적하는 것이 아니라, 뇌 속의 정보를 꺼내기 위해 반복한다는 것입니다.

이렇듯 포토리딩에서는 반복해서 책을 읽기 때문에, 고속 대량 회전법을 아는 사람들은 "고속 대량 회전법은 포토리딩과

## 포토리딩 순서

①

책을 읽는 목적을 명확하게 하는 등
준비를 거쳐 예습으로 목차를 읽는다.

③

복습, 활성화와 같은 단계로
목차와 키워드를 다시 읽는다.

②

'뇌 안에 책의 정보를 베껴 찍기'
위해 페이지 전체를 바라본다.

④

슈퍼리딩과 고속리딩이라고
불리는 띄엄띄엄 읽기로
몇 번이든 다시 읽는다.

포토리딩에서 반복 읽기는 뇌에
직접 다운로드한 정보를 꺼내기 위해 실시된다.

상당히 닮아 있네요"라고 하는 경우가 있습니다. 확실히 '뇌 안에 베껴 찍기'라는 포토리딩의 단계를 제외하면, '대량'이라고까지는 못해도 '고속 회전법'이라고는 할 수 있습니다.

그러나 같은 반복 읽기라고 해도 고속 대량 회전법에서는 반복 읽기로 인해서 지식 자본을 서서히 축적해간다고 생각할 수 있는 데 비해, 포토리딩에서는 이미 다운로드 되어 있는 정보를 끄집어내기 위해서 실시한다고 생각합니다. 이 차이가 읽은 책을 '이해한 셈 치고'가 되는 '착각 속독'을 탄생시킵니다.

## 포토리딩 강좌에서 목격한 것

이것은 8년 전쯤 제가 포토리딩 강좌를 수강했을 때 실제로 경험한 내용을 바탕으로 하고 있습니다.

그 강좌의 후반부에 마무리로 어떤 책 한 권을 단시간에 읽고, 그 내용을 이해하는 연습을 실시했습니다. 거기서 '이 책은 두껍고 글자 수가 많지만, 결국 말하고 싶은 것은 이게 다야'라고 하는 사람이 많았습니다. '이 책은 이제 다 이해했다'라는 득의양양한 모습을 비롯해 그것을 수긍하는 강사들, 그 장소의 분위기에 엄청난 괴리감을 느꼈습니다.

확실히 그 사람이 파악한 것은 그 책이 전달하고자 했던 내용의 일부라는 것에는 틀림없을 것입니다. 그러나 그것은 읽는 사람이 가지고 있는 지식과 체험의 틀 내에서 이해하고 인식한 것에 지나지 않습니다. 독서를 할 때는 항상 그것을 자각할 필요가 있습니다.

그것을 자각하지 않고 '이해한 셈 치고'가 된다면, 속독은커녕 독서의 본질로부터도 어긋나버립니다.

## '착각 속독'을 탄생시키는 과정

그러나 포토리딩에서는 진짜인지 아닌지는 제쳐놓고, 그 책에 관한 모든 정보를 한번 보는 것만으로 '뇌 속에 베껴 찍는' 것이 가능하다고 생각합니다. 그러므로 스스로 포토리딩한 책에 대해 이해하고 있다고 믿어버리기 쉽습니다.

실제로 지금까지 독서를 통해서 읽고자 하는 책에 관한 지식 자본을 축적하고 있는 경우라면, 지식 자본 덕분에 빨리 읽고, 이해도 할 수 있을 것입니다. 헌법에 빠삭한 사람이라면 민법 등 다른 법률에 관한 책도 빨리 읽고 이해할 수 있습니다. 또한, 반복적으로 읽으면서 속도는 더 빨라지고, 정확한 이해가 가능해질 것입니다.

단, 지식량과 독서 경험이 희박한 사람이라면 속수무책입니다. 그리고 설령 독서 경험이 있다고 해도 익숙하지 않은 책, 어려운 책을 읽는 경우라면, 기껏해야 몇 번의 회전뿐인 포토리딩에서는 일부 표면적인 이해에 그쳐 버립니다.

또한, 자신이 지금까지 가지고 있었던 지식으로 어찌어찌 이해하려고, 지레짐작해버립니다. 이런 경우에도 책의 모든 정보가 다운로드 되어 있다고 확신하고 있기 때문에, '다 이해했다'라고 착각하게 되어버리는 것입니다.

그리고 '지금보다 10배나 빠르게 책을 읽을 수 있다!'와 같은 선전 문구를 주장하는 이상, 강좌에서는 무조건 '어느 일정 시간 내에 이해할 수 있는 것, 인식할 수 있었던 것이 전부'라고 믿게 하는 방향으로 끌고 가기 마련입니다. 속도만을 추구한 나머지, 독서의 본질에서 어긋난 방향으로 가버리는 것입니다.

이런 속독에 익숙해져 버리면 자신이 속독할 수 있는 책만 읽을 우려도 생깁니다. 즉, 자신이 알고 있는 내용의 책, 이해하기 쉬운 책, 읽기 쉬운 책만 읽고, 어려운 책, 읽는 보람이 있는 책은 피하는 것입니다.

## 이해와 착각은 종이 한 장

지식 자본이 이해를 도와주는 것과 동시에, 착각도 일으킨다는 것을 이해하기 쉽게 독서가 아닌 대화를 예로 설명하겠습니다.

165페이지의 그림을 봐주십시오. 이것은 두 사람이 대화하고 있을 때 마음의 상태를 나타낸 것입니다.

이야기하는 사람이 "얼마 전에 하와이에 다녀왔어요"라는 말을 했을 때 그것을 이해하기 위해 듣는 사람은 하와이와 관련된 자신의 지식, 경험과 같은 지식 자본에 대조시키면서 이해하려고 합니다.

그때 듣는 사람에게 하와이에 갔던 경험이 있다면, 그때의 기억을 환기시킬지도 모릅니다. 혹은 TV에서 본 정경이나 잡지, 책에서 본 하와이 사진을 떠올릴지도 모릅니다.

바다에서 즐겁게 서핑하고 온 사람과
회사에서 일하고 온 사람은
같은 '하와이'라는 단어라도
떠오르는 이미지가 다르다.

거기서 떠오르는 것과 이야기하는 사람이 "얼마 전에 하와이에 갔다 왔어요"라고 말하면서 떠올리는 정경 등의 기억이 같은 것일까요?

물론, 완전히 같을 가능성은 희박합니다. 하와이라고 해도 오아후섬에서 하와이섬까지 여러 개의 섬이 있고, 장소도 다양합니다. 떠올릴 수 있는 상황도 다를 것입니다.

그런데도 지식 자본을 사용해서 이해하는 것으로 대화가 성립되는 것입니다.

단, 오해와 착각을 하고 있을지도 모른다는 것을 자각할 필요가 있습니다. 그렇게 하지 않고 '이해한 셈 치고'가 된다면, 이야기하는 상대가 체험한 것을 끄집어내지 못하고, 생각지 못한 엇갈림이 생길 위험성이 있습니다.

이야기를 잘 듣는 사람은 이 점이 확실합니다. 자신이 가진 지식 자본과 상대의 이야기에는 간격이 있다는 것을 잘 알고 있습니다. 그것을 대조해보면서, 능숙하게 상대와의 엇갈림을 보정하고, 그렇게 하기 위해서라도 상대로부터 더 많은 정보를 끄집어내는 것입니다.

속독에 있어서도 마찬가지입니다. 지식 자본을 활용해서 이해하면서도 '이해한 셈 치고'가 되지 않아야 합니다.

'이해한 셈 치고'가 되어서 관심을 끊어버리면, 책에 대한 호기심은 감소해버리고, 새로운 지식 자본을 축적할 수 없습니다. 책에 적힌 글의 배경에도 항상 호기심을 가질 필요가 있습니다.

## 포토리딩도 지식 자본의 활용

'한번 보는 것만으로, 모든 정보가 뇌로 직접 다운로드 된다.'

확실히 이 말은 매력적이고, 믿고 싶어지는 마음도 이해합니다.

"'포토리딩'은 태어나면서 뇌에 갖춰져 있는, 전의식 수준의 정보 처리 능력을 활용하는 것입니다. 기성의 개념에 사로잡히지 않고, 뇌의 무한한 능력을 믿을 수 있다면, '포토리딩'은 당신의 학습 능력에 혁명을 일으킬 것이 틀림없습니다." (앞의 책)

저도 '그게 가능하다면…'이라는 생각에 책도 사고, 강좌도 수강했습니다. 그러나 수강 후에도 제법 많이 실천해봤지만, 결국 뇌에 직접 다운로드 되는 효과는 실감할 수 없었습니다.

포토리딩을 실천하고 있다고 하는 사람도, 실제로는 이미 가지고 있는 지식 자본과 반복적으로 읽으면서 축적된 지식 자본을 활용해서, 조금씩 이해하는 것이 현실이라고 생각합니다.

속독법에서는 우뇌와 이미지뇌[14](Image of a Brain), 잠재의식 같은 뇌과학 용어가 설명에 사용되고 있습니다. 자신도 모르게 믿고 싶어지겠지만, 그런 설명에는 주의하도록 합시다.

## 이해, 기억에 필요한 것은 반복과 실패

도쿄대학에서 뇌연구를 실시하고 있는 이케가야 유지(池谷裕二) 박사에 따르면, 뇌과학의 식견으로 말할 수 있는 것은 "기억이란 '실패'와 '반복'으로 형성되고 강화된다는 것"(《기억력을 강하게 한다》 고단샤블루백스)이라고 합니다.

한번 읽었다고 해서 바로 이해하고 기억할 수 있는 것은 아닙니다.

---

14) 잔상을 만드는 뇌. - 역자 주.

또한, 컴퓨터가 일상생활에 스며든 현재, 컴퓨터와 뇌의 움직임을 동일한 것으로 간주하곤 하는데, 이케가야 박사는 뇌와 컴퓨터는 상당히 다르다고 합니다.

"컴퓨터는 한 번에 완전하게 기억할 수 있습니다. 게다가 정답만을 완벽하게 기억합니다. 뇌는 그렇지 않습니다. 정답을 끌어내기 위해서는 시행착오가 절대적으로 필요합니다. 실패하고, 그것을 바탕으로 다음에 무엇을 할지를 생각하고, 그리고 또 실패하고 … 이런 식입니다."(앞의 책)

뇌과학의 식견에 따른 뇌의 구조로 생각해보더라도, 한 번 읽고 이해하려고 하기보다, 여러 번 반복해서 읽는 고속 대량 회전법이 이치에 맞는 것입니다.

더불어, 고속 대량 회전법에서는 목차와 장의 제목과 같은 큰 틀부터 파악하고, 점점 세세한 부분으로 들어가는데, 이것도 뇌의 구조와 일치합니다.

"차이가 큰 것을 구별할 수 있게 된 후가 아니면, 작은 것은 구별할 수 없습니다. 세부적인 현상의 차이를 알기 위해서는 우선

한번은 큰 현상을 파악하고, 이해할 필요가 있습니다."(앞의 책)

실제로 지금까지 당신의 학습 경험만 보더라도 반복과 시행착오를 거치며, 이해하고 기억해왔을 것이리고 생각합니다.
또한, 이해하고 기억할 때 무턱대고 세세한 부분부터 들어가기보다 대략적인 큰 틀에서 들어가는 쪽이 쉬웠을 것입니다.
대략적으로, 그러나, 그것을 반복하면서 점점 세세한 부분으로 들어가는 것이 뇌를 배려한 독서입니다.

## '정말로 도움이 되는 속독'으로 작업 교대(Shift Change)

포토리딩을 배운 사람은 "포토리딩의 단계도 모르겠고, 포토리딩은 불가능하다"라고 말하면서도 "포토리딩은 기존의 독서 틀을 벗어나게 해줬다"라며, 그 영향력의 크기를 이야기하는 사람이 많습니다.

'책은 한 자 한 자 읽어야 한다.'

'책은 처음부터 끝까지 읽어야 한다.'

이런 기존의 읽기 방법의 속박에서 해방된 상태이기 때문에, 포토리딩을 배운 사람은, 효율적인 속독으로 전환할 수 있는 소지가 충분합니다.

또한 포토리딩 이외에 사용되는 디핑(Dipping), 스키밍(Skimming), 스키터링(Skittering), 슈퍼 리딩(Super Reading), 고속 리딩(Fast Reading)과 같은 다양한 종류의 읽기 방법은 고속 대량 회전에도 활용할 수 있습니다.

포토리딩이라는 읽기 방법도, 뇌로 직접 베껴 찍히지는 않는다고 해도, 책과 가까워지는 하나의 읽기 방법으로서는 '인정할 수 있다'라고 생각합니다.

다운로드를 기대하지 말고, 지식 자본에 초점을 맞춰서 고속 대량 회전시키다 보면, '포토리딩 못하겠네…'라고 헤매는 일 없이, 속독할 수 있게 될 것입니다.

## SECTION 11
# '검색 속독'과
# 레버리지 리딩 Leverage Reading

### 읽는 목적이 명확한 독서의 위험성

　포토리딩 번역 출판으로부터 5년 후인 2006년에 출판된 《레버리지 리딩》(혼다 나오유키(本田直之), 됴요경제신보사)에서 소개하고 있는 속독법은 독서를 투자 활동으로 인식하고, 독서에 사업적인 '투자, 비용 대비 리턴(수익)'에 대한 개념을 대입시킨 것입니다. 최소의 투자, 비용으로 최대의 수익을 얻고자 하는 것입니다.
　여기서 중요해지는 것이 책을 읽기에 앞서서, 그 책을 읽는 목적, 얻고자 하는 성과를 미리 명확하게 정해 두는 것입니다. 그리고 명확화한 목적을 달성하기 위해서, 최단의 길로 나아가는 것입니다.

구체적으로는, 그 목적에 답해줄 것 같은 곳을 가능한 한 빠르게 선정해서, 그 이외의 부분은 잘라 버리는 읽기 방법입니다.

많은 사람에게 이 발상은 놀랍다고 할까요? 눈이 확 뜨였을 것입니다. 지금까지 책은 나보다 높이 있는 존재로, 독자인 내가 '책을 읽는 목적'을 정한다는 발상에 쉽사리 생각이 미치지 못했던 것은 아닐까요?

앞서 소개한 포토리딩에서도, 처음에 '책을 읽는 목적을 명확하게 한다'라는 작업을 실시하는데, 포토리딩 강좌를 수강한 사람 중에는, 레버리지 리딩이 훨씬 충격적이고, 유용하다는 사람이 있을 정도입니다.

'책을 읽는 목적을 내가 정해도 된다고 하니 너무나 자유로워졌다.'

지금까지 책에 있었던 독서의 주도권을, 읽는 사람에게 되돌려줬다고도 할 수 있을 것입니다.

그리고 독서를 투자 활동으로 인식해서 그 '투자, 비용 대비 리턴'을 최대로 한다는 발상은 합리적입니다. 그러므로 책을 읽는 목적을 명확하게 하고, 그 목적 달성을 위해서 필요한 것만 취하고 다른 것은 잘라 버리는 것은 당연하다고 생각됩니다.

그러나 사실 '책을 읽는 목적을 미리 정한다'라는 것은 얼핏 합리적인 독서처럼 생각되지만, 그것이 너무 과하면 역으로 독서의 리턴을 낮춰버리는 것입니다.

## 왜 목적화해서는 안 되는가

당신이 이 책을 읽는 목적은 무엇입니까?

'정말로 효율적인 독서가 무엇인지를 알기 위해.'
'빨리 읽는 기술을 알기 위해.'

다소 차이는 있겠지만, 이런 목적이 나올 것으로 생각합니다.
그럼, 이 목적을 최단 시간에 달성하고자 하는 경우, 어떤 읽기 방법이 되어야 할까요?
아마도, 자신의 목적과 관련 있을 것 같은 단어나 키워드를 목차와 장의 제목에 의지하거나, 본문을 훑어 읽기 하면서 찾기 시작할 것입니다. 그리고 그 단어가 포함된 문장과 그 앞뒤 문장을 읽을 것입니다.

당신이 컴퓨터나 휴대전화를 사용해서 흔히 하는 행동과 비슷하지 않나요?

그렇습니다. 검색입니다.

당신이 책을 읽는 목적을 명확히 하고, 그 목적을 최단 시간에 달성하려고 하면, 책이라고 하는 데이터베이스에서, 어떤 검색어를 토대로 검색하는 읽기 방법이 되는 것입니다.

지금까지의 읽기 방법이 전문을 다운로드 하고자 했다면, 이 읽기 방법은 검색으로 필요한 부분만을 다운로드 하면 된다는 발상입니다. 그로 인해 빨리 읽을 수 있고, 많이 읽을 수 있는 읽기 방법입니다.

'검색이 어때서요?'
'알고 싶은 것은 구체적인 방법이나 기술이니까….'

그렇게 생각하는 사람도 있을 것입니다.
물론, 검색이 나쁜 것은 아닙니다. 영한사전이나 백과사전을 통해서 알아보는 것은 그야말로 검색입니다. 단순히 무언가 알고 싶은 정보를 얻기 위해서라면 검색하는 것도 좋습니다.

그러나 독서란 검색에 그치는 것이 아닙니다. 실용적인 방법과 기술이라고는 해도, 그 실용적인 방법과 기술을 아는 것만으로는 쓸모없는 것이 대부분입니다.

## 비즈니스 서적을 여러 권 읽어도 몸에 배지 않았던 까닭

이 책을 읽는 사람이 '빨리 읽는 테크닉을 알기 위해'라는 목적을 빠르게 달성하고자 읽었을 경우, '여러 번 반복해서 읽는' 것과 속독 기술로 소개하고 있는 '소리를 내지 않고 보기', '이해하려고 하지 않고 보기'와 같은 말이 신경 쓰일 것입니다.

그렇다고 이것만 알게 되면 바로 속독할 수 있는 거냐고 묻는다면 그렇지는 않습니다.

실용적인 방법뿐 아니라 '속독'과 '독서'에 대해 어떻게 생각하는지에 대한 시점, 그리고 제가 어떻게 고속 대량 회전법에 도달하게 되었는지 그 과정을 알아야, 비로소 고속 대량 회전법이 가진 의미와 사고방식을 이해할 수 있고, 실용적인 방법으로 실행할 수 있는 것입니다.

이것은 속독에 한정되는 것이 아니라 영업과 마케팅, 매니지먼트를 비롯한 비즈니스와 그 외 모든 실용적인 방법, 기술에 공통됩니다.

책에 소개되고 있는 표면적인 방법(How to)과 기술(Skill)만을 편의대로 자신의 것으로 하려고 해도 좀처럼 쉽지 않습니다.

또한, 독자 자신의 시점과 문제의식이 바뀌지 않으면, 그 책이 제시하고 있는 귀중한 정보의 중요성을 모른 채, 뼈아픈 경험을 하는 일도 있습니다.

우리는 백지상태로 읽고 있는 것 같지만, 이미 축적된 지식 자본을 사용해서 읽고 있기 때문입니다.

독서에서는 읽는 이의 안에 있는 지식 자본을 활용하면서도 새로운 지식과 사고방식, 사물에 대한 견해를 취해서 지식 자본을 변화시키는 것이 중요합니다. '책을 읽는 목적'을 명확히 하는 것은 오히려 자신의 틀을 단단히 굳혀버립니다.

검색 속독으로 아무리 빠르게 읽고, 많은 책을 '독파'했다고 하더라도, 그것은 자신의 좁은 틀(사물에 대한 견해와 사고 유형, 가치관)을 넓히기는커녕, 스스로 틀 속에 갇혀버릴 위험성도 있습니다. 포토리딩 부분에서 소개한 '착각 속독'이 되기도 쉬워집니다.

검색 속독으로 효율적인 독서를 하는 것 같아도 검색이 목적이라면 책을 읽기보다 인터넷으로 검색하는 편이 더 빠르고, 효율적일 가능성이 큽니다.

### 검색을 넘어선 속독을 목표로

이처럼 검색이 편리해진 시대이기 때문에 더욱 검색과는 차별화된 독서를 추구하고 있습니다. 이 점에 대해 지금으로부터 어언 30년 전, 고도 정보화 시대로 불리며 정보가 흘러넘치기 시작했을 무렵, 경제학자인 우치다 요시히코(內田義彦) 씨는 정보를 찾아서 필요한 부분만을 읽는 '정보로 읽기'라는 독서에 대한 경종을 울리고, 다음과 같은 읽기 방법을 제창했습니다.

"새로운 정보를 취한다는 의미로 보면 쓸데없을지 모르지만, 정보를 보는 눈의 구조를 바꾸고, 정보를 받아들이는 방법, 애초에 무엇이 유익한 정보인지, 유익함에 대한 개념, 찾는 방법을-생활 방식을 포함해서-바꾼다. 바꾼다는 표현이 좋지 않다면 새롭게 한다. 신기한 정보를 얻을 수는 없더라도, 분명 오래전부터 알고 있었던 것인데 불현듯 신선한 풍경처럼 몸을 감싸고, 다가오는 '읽기'가 있는 것입니다."

- 《독서와 사회 과학》, 이와나미신서

**정보화 시대가 한층 더 진행되어 누구나 방대한 정보에 접속할 수 있는 인터넷 시대에는 단순히 정보와 지식을 가지고 있는 것만으로는 평가되지 않습니다.**

'정보를 보는 눈의 구조'라는 시점을 바꾸고, 다양한 시점을 가지고 그것을 능숙하게 사용해서, 부가가치를 탄생시키는 것이 중요합니다.

개개의 정보와 정보를 보는 눈의 구조, 시점을 이해하기 위해서 180페이지의 그림을 봐주십시오.

이 그림을 본 적이 있는 사람도 있을 것입니다. 이것은 '착시 그림(Illusionism)'이라는 것으로, 몇 가지로 다르게 보이는 그림입니다.

이 그림의 경우는 '노파'와 '젊은 여성'의 두 가지로 보이는

## '젊은 여성과 노파'의 착시 그림

관점에 따라서는 젊은 여성의 턱이 노파의 코가 되고 젊은 여성의 목걸이가 노파의 입이 된다.

데, 이 그림을 구성하고 있는 선과 형태가 책의 개개의 정보와 지식에 해당합니다. 그리고 선과 형태로부터 그 정보를 종합해서 전체적으로 '노파'와 '젊은 여성'이라고 보는 것이 정보를 보는 눈의 구조, 시점에 해당합니다.

당신이 어떤 책을 읽을 때, 처음에는 자신이 가지고 있는 지식 자본의 영향을 받으며, 지금까지 가지고 있는 시점으로 책을 읽습니다. 즉, '이 책에는 노파가 그려져 있다'라는 시점으로 읽는 것입니다. 혹은 처음에는 어떤 그림인지 모르지만, 점점 '노파가 그려져 있다'라는 것을 깨닫고 읽는 경우도 있을 것입니다.

모두 '노파'라는 시점에 서서, 개개의 정보에 의미를 부여해버리는 것입니다. 이 '노파'라는 시점을 계속 가지고 있는 한 '젊은 여성'으로 보는 시점은 깨닫지 못하고, 개개의 정보의 가치와 중요성도 변화하지 않습니다.

독서란 자신이 가지고 있는 '노파'라는 시점을 일부러 떼어 놓고, 저자의 시점인 새로운 '젊은 여성'이라는 시점을 획득해서 '노파', '젊은 여성' 어느 시점에서든 볼 수 있게 되는 것입니다.

## 저자의 세계로 빠르게 들어가기 위해서는

뇌기능학자인 도마베치 히데토(苫米地英人) 씨는 이 '착시 그림'을 예로, 독서에 대해 다음과 같이 설명하며, 한 권의 책을 진정으로 이해하기 위해서는 "여러 번 읽을 필요가 있다"라고 했습니다.

"첫 번째는 전처리화(Preprocessing, 사전처리)로 '노파'의 모습을 발견한다.

두 번째는 '젊은 여성'의 모습을 발견한다.

세 번째는 '노파'와 '젊은 여성'의 도안을 모두 의식하면서 읽는다.

이것이 진짜 독서입니다."

- 《정말로 머리가 좋아지는 '속독뇌'를 만드는 법》, PHP 문고

'알았다'라고 생각했는데도, 사실은 '노파'만을 보고 있는 것일지도 모릅니다.

이런 점에서 고속 대량 회전법에서는 우선 본문으로 들어가기 전에 목차, 들어가며·나오며를 고속 대량 회전시킵니다. 이

것은 효율적으로 그 책에 관한 지식 자본을 축적하는 방법임과 동시에 저자의 시점을 이해하고, 저자의 세계로 재빠르게 들어가는 방법입니다.

　목차에는 저자가 테마에 대해 어떠한 발상으로 보고 있는지가 단적으로 쓰여 있습니다. 또한, 들어가며·나오며에는 저자의 진심, 육성이 가장 사실적으로 적혀 있습니다.

　이 목차, 들어가며·나오며를 우선 고속 대량 회전시킴으로써 재빠르게 저자의 세계로 몰입하는 것입니다. 앞부분의 예로 말하자면, 가능한 한 빠르게 '젊은 여성'의 시점을 획득하는 것입니다.

　설령, 목차와 들어가며·나오며를 제일 먼저 읽더라도 자신의 목적을 명확하게 하기 위해서나 자신의 목적에 도움이 될 부분을 찾기 위해서 읽는다면, 저자의 세계에 들어가기는커녕 '노파'를 보고 있는 자기 세계에 집착하게 됩니다.

　이처럼, 자신 안에 축적된 지식 자본은 책의 내용을 이해하는 힘이 됨과 동시에, 오해를 만들어냅니다. '착시 그림'으로 말하면 '노파'의 왼쪽 눈이라고 하는 지식이 있어서, 그것으로 '이해한 셈 치고'가 되고, '젊은 여성'의 왼쪽 귀이기도 하다는 것을 깨닫지 못하는 것입니다.

## '납치되는', '연루되는' 것이 독서의 묘미

자신이 가지고 있는 시점을 떼어 놓고, 새로운 시점을 갖게 되면, 처음에 책을 읽은 목적 그 자체가 변하는 일도 있습니다.

사실은 처음에 설정한 목적을 달성하는 것보다도, 그 목적 자체가 변한다는 생각지도 못했던 일이 발생하는 것에 바로 독서의 즐거움이 있습니다.

사전이나 백과사전을 조사하듯이, 궁금한 부분을 무작정 알기 위해서가 아니라, 그 책을 읽으면 무슨 일이 일어날지, 무엇을 얻을 수 있을지 모르기 때문에, 책을 읽는다는 세계도 있습니다. 그리고 그것이야말로 결과적으로 자신을 변혁시키고, 큰 리턴으로 이어질 가능성이 있는 것입니다.

마츠오카 세이고 씨는 이것을 "책에 납치당하고 싶다"라는 말로 표현하고 있습니다.

"이것은 이른바 '책에 납치당하고 싶다'라는 뜻입니다. '모르는 사람(異人, different person)에게 끌려가고 싶다'라는 뜻입니다. 그런 게 없다면, 독서는 너무 평범해져 버립니다. 이 말은 아무리 강조해도 부족합니다. 우리는 책에 납치당해도 됩니다.

그래서 당분간 행방불명이 되어도 됩니다. 실종자 수색을 당해 보는 것이 숙원사업입니다. (웃음)"

- 《다독술》, 치쿠마프리마신서

또한, 고베 여학원 대학 명예교수인 우치다 다쓰루(內田樹) 씨는 그의 저서《거리의 교육론(街場の教育論)》(미시마사)에서 '독서' 그 자체는 아니지만 '학습'을 '연루된다'라는 말로 표현하고 있습니다.

"'학습'이라는 것은 자신이 이해할 수 없는 '높은 곳'에 있는 사람에게 불려가서, 그 사람이 하는 '게임'에 연루되는 형태로 진행됩니다. 이 '연루(Involvement)'가 성숙해지기 위해서는 자신이 가지고 있는 가치판단의 '척도'로는 그 가치를 고려할 수 없는 것이 있다는 것을 인정해야만 합니다. 자신의 '척도'를 후생대사(後生大事)[15]로 품고 있는 한, 자신의 한계를 뛰어넘을 수 없습니다."

---

15) 내세(來世)에서의 안락(安樂)을 가장 소중(所重)히 여겨 믿는 마음으로 선행(善行)을 쌓음을 이르는 말입니다. - 역자 주.

우치다 씨가 말하는 '척도'란 책을 읽기 전에 가지고 있는 책을 읽는 '목적'이라고도 할 수 있을 것입니다. 어떤 의미로는 '목적'을 떼어놓기 위해서 독서를 한다고도 할 수 있는 것입니다.

이렇게 생각하면, 검색 속독에서 처음에 설정한 목적에 집착하는 게 얼마나 아까운지 더 이해될 것입니다.

## 독서에서 검색으로, 검색에서 독서로

지금은 구글로 인터넷 검색하는 것을 '구글링한다'라고 부를 만큼 생활의 일부가 되었습니다. 휴대전화, 스마트폰으로 인해 생활 속으로 깊이 스며든 것 같습니다.

저만해도, 저도 모르게 무언가 '뭐지?'라는 생각이 들면, 눈앞의 아이폰으로 검색하는 것이 습관이 되어버렸습니다. 검색은 점점 우리들의 기본동작이 되어갈 것입니다. 그리고 독서에도 검색 발상이 침투하기 시작해 '검색 독서'라고 할 수 있는 속독이 나타났습니다.

최근에 세상을 들썩이게 한 구글의 서적 전자화로 책의 본문도 검색 대상이 되기 시작했습니다. 아직 일부이기는 하지만 'Google 북스'라는 형태로 이미 실현하고 있습니다.

인터넷, 스마트폰의 보급에 전자 서적이 더해지면 책은 '읽는' 것에서 '검색'하는 것으로 변화해 갈지도 모릅니다.

그러나 검색 속독에서 봤듯이 검색만으로는 표면적인 지식의 획득에 그치고, 새로운 지식 자본도 축적되지 않습니다. 검색 속독을 하면 할수록, 속독력도 독서력도 떨어질 위험성이 있습니다.

저자의 세계로 들어가서 정보를 그냥 읽는 것이 아니라 '정보를 보는 눈의 구조'를 바꾼다는 것을 의식하면서 속독할 필요가 있습니다.

이렇듯 독서를 검색에 머무르지 않게 하는 것과 동시에, 검색에서 독서로 이어가는 것도 중요합니다.

그것은 무언가 알아보고 싶을 때, 단순히 인터넷으로 정보를 검색하기만 하는 것이 아니라, 그것에 관한 책을 검색하는 것입니다. 정보를 항상 책으로 연결시키려고 하는 것입니다. 검색해서 나온 책을 반드시 구매할 필요는 없습니다.

요즘에는 아마존 같은 온라인 서점에 목차와 들어가며·나오며 등 책의 정보 일부가 공개되어 있습니다. 또한, 수많은 서

평 블로그에서 그 책에 관한 다양한 시점을 통한 요약도 읽을 수 있습니다. 우선은 그런 요약된 정보를 고속 대량 회전시켜 가는 것입니다.

그러면서 지식 자본은 축적되고, 본문이 읽고 싶어지는 책도 늘어나서, 속독력이 향상됩니다.

인터넷 시대인 현대 사회에서 검색은 편리하고 친숙한 것입니다. 검색이 독서에 침투하려고 하는 지금이야말로, 독서와 속독의 본질을 확보하면서, 검색에서 책으로, 그리고 독서로 흐름을 이어가는 것이 진정으로 효율적인 속독력 기르기로 이어집니다.

# 속독이 책과의 만남을 넓혀 준다

## SECTION 12
# '시간을 들이는 속독'도 있다

## 어려운 책과 탐탁지 않은 책은
## '쌓아 두기(Book Hoarding)'부터

고속 대량 회전법은 속독의 큰 요소인 지식 자본에 초점을 맞추고, 그것을 효율적으로 축적하면서 속독하는 방법입니다. 따라서 간단한 책, 이해하기 쉬운 책뿐만 아니라, 어려운 책, 미지의 분야에 관한 책도 속독할 수 있습니다. 또한, 지금까지 쉽게 손에 잡지 못했던 두꺼운 책이라도 편하게 읽기 시작할 수 있습니다.

그렇지만, 목차만 보면 된다, 들어가며·나오며만 보면 된다고 하더라도, 그 자체의 양이 상당한 전문 서적도 있습니다. 말이 난해하고, 보고 싶은 마음조차 생기지 않는 책도 있을 것입니다.

　이런 경우 '우선은 입문서부터'라는 말이 있듯이 점차 지식 자본을 축적하는 길도 있지만, 그런 방식에만 의지하는 것도 위험합니다. 왜냐하면, 입문서부터 시작하는 버릇을 들이면, 이해하기 쉬운 책만 읽게 되어서, 아무리 지식 자본이 축적되어 있더라도, 좀처럼 그보다 높은 단계의 책을 읽게 되지 않기 때문입니다.

　만약, 최종적으로 당신이 읽고 싶은 책이 있다면, 당장 목차와 본문 회전은 불가능하더라도, 도전하는 것이 중요합니다. 여기서 추천하고 싶은 것이 '쌓아 두기'입니다.

　즉, 우선은 제목과 부제목으로 범위를 추려놓고, 매일 바라보는 것입니다. 제목, 부제목 정도라면, 하루에 한 번이 아니라 몇 번씩은 꼭 보게 될 것입니다. 뒤표지라도 눈에 들어오도록 놔두면, 멋대로 시야로 들어오게 될 것입니다.

　짧은 말이나 문장이기 때문에 '소리를 내지 않고 보기', '이해하려고 하지 않고 보기' 같은 읽기 방법이 저절로 되어서 순식간에 몇 번이고 반복해서 금세 기억할 수 있습니다.

　이후에는 하루 중 잠깐 짬이 나는 시간에 정말 몇 초라도 상관없으니 그 제목과 소제목을 떠올려 봅니다. 그렇게 떠올려

봄으로써 기억은 더욱 정착되고, 그 책에 익숙해지게 됩니다. 그리고 그 책의 내용에도 점점 흥미가 높아지고, 빨리 페이지를 펼쳐서 읽고 싶은 충동이 생기는 것입니다.

쌓아 두기라고 하면, 보통은 피해야 하는 방법으로 취급합니다. 제가 속독에 흥미가 생기게 된 계기도, 쌓아 두기 상태를 어떻게든 해소시키기 위해서였을지도 모릅니다.

그러나, 쌓아 두기도 제목과 부제목으로 추려놓은 고속 대량 회전이라고 인식한다면, 그것이 속독으로 가는 한 걸음이 될 것입니다.

오히려 어떤 의미로는 자연스러운 스텝이라고 생각할 수 있습니다. 읽기 어려운 책과는 서서히 가까워질 필요도 있습니다.

## 제목에서부터 고속 대량 회전을 시작한다

당신은 처음 만난 사람, 껄끄러운 사람, 아무런 정보도 없는 미지의 사람에게, 다짜고짜 서슴없이 깊은 이야기를 하나요?

## 좋은 쌓아 두기와 나쁜 쌓아 두기

### 좋은 쌓아 두기

① 제목이 보이게 쌓여 있다.

책에 눈이 간다.

② 낮 시간
제목을 떠올리며
내용에도 호기심이 생긴다.

무엇이 적혀 있을까?

③ 귀가 후

무심코 잡아들고
바라보기 시작한다.

### 나쁜 쌓아 두기

① 제목이 보이지 않는 쌓아 두기

책에 눈이 가지 않는다.

② 낮 시간
제목이 머리에 없으므로
떠올릴 수 없다.
내용에도 흥미가 생기지 않는다.

③ 귀가 후

책에서 눈을 피해버린다.

친하게 지내려면 인사부터 시작하고, 서서히 대화를 나누며, 진득하게 이야기하는 과정을 거쳐서, 상대에 대해 흥미를 느끼고, 점차 이해하는 것이 보통입니다. 미지의 분야 책과 어려운 책을, 갑자기 읽기 시작하는 데 저항을 느끼는 것은 당연합니다.

그래서 쌓아 두기입니다. 쌓아 두기로 그 책을 매일 쳐다보고, 몇 번, 몇십 번 떠올리면서, 조금씩 친숙함이 생기게 됩니다. 처음에는 멀었던 책과의 거리가 좁혀집니다.

마침내 '어떤 책일까?'라는 궁금한 마음이 깊어지고, 제목과 책의 띠지를 보고 '이것은 무슨 내용일까?', '뭐가 적혀 있을까?'라고 생각하게 됩니다.

이런 과정을 즐기면서, 점점 깊이 들어가면 됩니다.

### 짬이 나는 시간을 활용한다

'쌓아 두기는 시간 낭비다.'
'속독과 정반대의 비효율적인 방법이다.'

이런 식으로 생각할 수도 있는데, 쌓아 두기라는 것은 사실 시간을 매우 효율적으로 사용하면서 속독하는 방법입니다.

쌓아 두기의 경우, 실제로 읽는 시간은 거의 없습니다. 제목만을 바라보는 데 필요한 시간은 어느 정도일까요? 기껏해야 몇 초겠죠. 고작 그 정도입니다.

그런데 실제로는 제대로 쌓아 둔다면, 그 몇 초만 사용해도, 그 책의 커버와 제목이 조금씩 기억에 남습니다. 그리고 하루에 몇 번, 때에 따라서는 몇십 번 그 책을 떠올리고, 그 내용에 대해 생각하게 됩니다.

쌓아 두기는 그런 짬 나는 시간이라고도 할 수 없을 만큼 짧은 시간을 효과적으로 사용하는 방법입니다. 그러는 동안 점점 책에 대한 흥미와 관심이 생겨서 책과의 거리가 가까워집니다.

그렇게 되면 제목만이 아닌 목차, 나아가서는 들어가며·나오며, 그리고 본문까지 읽기 시작할 것입니다. 이른바 쌓아 두기는 고속 대량 회전법의 입구입니다.

챕터 3에서는 30분간 속독하는 단계를 소개했습니다. 그 단계를 매일 조금씩 나눠서 실시하는 방법이라고 생각하면 됩니다. 시간이 필요한 것처럼 보이지만, 실제로는 짬 나는 시간을 활용하기 때문에 바쁜 사람이라도 가능한 방법입니다.

## 자신을 성장시키는 속독을 하고 있는가?

쌓아 두기는 책과 독서 그 자체가 서툰 사람이라도 쉽게 시도할 수 있기 때문에 추천합니다. 거기서부터 지식 자본을 축적하고, 책과 독서에 익숙해지면서, 점점 30분간의 고속 대량 회전으로 나아가면, 무리 없이, 책을 빠르게 많이 읽을 수 있게 됩니다.

사실은 졸작이지만, 제 다른 저서 《속독 공부법》에서 '제목법'이라고 이름 붙인 이 쌓아 두기를 소개했는데, '쉽사리 읽을 수 없었던 책을 어느 순간 다 읽었다', '책의 산이 점점 줄어들기 시작했다'라는 많은 독자의 반응을 얻었습니다.

의외라고 생각한 분도 있을 텐데, 시험 삼아 시도해주십시오.

물론, 무리하게 쌓아 두기를 할 필요는 없으며, 쉽게 고속 대량 회전이 가능한 책은, 챕터 3에서 소개한 단계로 바로 읽어 주십시오.

그런데 '나에게 쌓아 두기는 없습니다', '쌓아 두지 않더라도 나는 꾸준히 책을 읽을 수 있습니다'라고 하는 사람은 자신이 읽을 수 있는 책과 자신의 틀 안에 있는 책만 읽고 있을 가능성이 있습니다. 쌓아 두는 책이 있다는 것은 당신이 도전하고, 독서를 하려고 한다는 증거라고도 할 수 있기 때문입니다.

서점에서 철학과 관련된 책을 발견하고 사보기는 했는데, 예상과 달리 내용이 어려워서, 그대로 책장행이 되어버린 예도 있을 것입니다. 그러나 이것은 부끄러운 일도, 쓸데없는 일도 아닙니다.

어려운 책이나 익숙하지 않은 책이라도 '살짝 읽어나 볼까?' 하는 느낌으로 손에 들고, 자신의 틀을 깨는 독서를 한다는 것은 멋진 일입니다.

'언젠가 읽자'라고 하는 마음과 '어렵지만 읽어보자'라는 호기심은 자기 자신의 성장으로 이어집니다.

독서란, 원래 그런 게 아닐까요?

현실의 인간관계에 비유하자면, 잘 아는 사람만 사귀고, 익숙한 장소(가게)만 가는 사람과 마찬가지입니다.

또한, 그런 독서는 그저 필요한 정보를 알아보기만 하는 '검색'이 되어 있을 가능성이 있습니다.

이래서는 자기 자신의 성장을 기대할 수 없습니다.

'쌓아 두는 책이 전혀 없는 사람은 성장하지 않는 사람'이라고도 할 수 있습니다.

## 전자책은 속독에 적합하지 않다

이처럼, 쌓아 두기는 관점을 달리하면 속독으로의 한 걸음이며, 나를 성장시켜줍니다. 그러나 이 쌓아 두기를 하기가 매우 어려운 책이 있습니다. 그것은 최근에 주목받는 전자책입니다.

전자책은 물리적으로 쌓아 올릴 수 없습니다. 종이로 된 책은 쌓아 놓기만 하면 슬쩍 눈길을 주는 것만으로 바로 제목을 읽을 수 있지만, 전자책은 그렇게 되지 않습니다.

그리고 종이책이라면 '잠깐 목차만이라도' 읽으려고 생각했을 때, 책이 바로 손 앞에 있으면 휙 하고 바로 페이지를 넘겨서 읽기 시작할 수 있습니다.

하지만 전자책은 설령 스마트폰이 바로 앞에 있다고 해도 어려울 것입니다. 조작이 매우 능숙한 사람이라면 다를지도 모르지만, 그런 사람이라도 가령 눈앞에 있는 문고본을 여는 것보다는 자연스럽게 조작하고, 신속하게 기동시키는 것은 불가능할 것으로 생각합니다.

아주 사소하지만, 이런 작은 차이에서 회전이 줄어들고, 지식 자본을 축적하는 속도가 떨어지게 됩니다.

이런 차이는 책을 쌓아 둘수록 커집니다.

제 경우, 집 안 여기저기에 책이 놓여 있습니다. 생각나면 바로 읽을 수 있도록, 또는 생각나지 않더라도 자연스럽게 책이 눈에 들어오도록 되어 있습니다.

여러분도 기억하고 있겠지만, 독서라는 것은 그 책의 제목과 장정16)이 읽는 사람에게 읽고자 하는 마음을 생기게 하는 경우도 적지 않습니다.

이른바 책이 말을 거는 것입니다. 눈에 바로 보이지 않으면, 이 부름이 발생하기 어려워집니다. 제목과 커버를 본 것만으로 흥미를 끌거나, 관련된 기억이 떠올라서, 거기서부터 책을 손에 들고 읽기 시작하는 일이 자주 있습니다.

책방에서의 경험을 떠올려 보면 이해될 것입니다. 훌쩍 책방에 들러서 책을 보고 있는 사이에, 제목과 장정이 마음에 들어서 무심코 손에 들었고, 결국에는 사버린 경험이 있는 사람이 많을 것입니다. 책이 말을 걸어서 시작되는 독서도 있습니다.

---

16) 책의 겉장이나 면지(面紙), 도안, 색채, 싸개 따위의 겉모양을 꾸밈 또는 그런 꾸밈새를 말합니다. - 역자 주.

## 기억에 남기 어려운 전자책의 결점

또한, 쌓아 두기에서는 실제로 책을 바라보거나, 손으로 들고 읽는 시간뿐 아니라, 그 시간 속에서 기억하게 된 제목과 목차 등의 내용을 떠올려 보는 시간이 중요합니다.

아주 막간의 짬을 사용해서 쌓아 둔 책을 떠올리고, 그것에 대해 반추해가는 가운데, 책의 내용이 기억나거나, 그에 대한 호기심이 펼쳐지거나 합니다.

쌓아 두기를 하는 경우, 그저 책을 쌓아 놓고 바라보는 것만으로는 의미가 없습니다. 이 '떠올려 보는' 부분이 중요합니다.

그러나 전자책의 경우에는 떠올려 보려고 해도 쉽게 떠올릴 수 없습니다. 그야말로 '단서(실마리)'가 없기 때문입니다.

종이책은 떠올려 보려고 할 때 시각 이외의 '단서'가 있습니다. 그 책을 잡았을 때의 손의 감촉, 예를 들면 그 책의 두께와 무게, 촉감 등이 입구가 되어서 기억을 상기시킬 수 있는 것입니다.

짐작하고 있는 분도 많겠지만, 사람은 시각만이 아니라, 촉각이 '기억의 방아쇠(트리거)'[17]가 되는 일도 적지 않습니다.

---

17) 사격에서 소총 또는 권총의 총알을 발사하게 하는 장치를 말합니다. - 역자 주.

## 기억하기 쉬운 것은 종이책

**종이책**

- 표지와 띠지가 있다.
- 손에 잡은 감각이 각각 다르다.
- 바로 손으로 잡을 수 있다.

**기억에 남기 쉽다!**

**전자책**

- 표지와 띠지가 없다.
- 손으로 잡은 감각은 모두 똑같다.
- 바로 손으로 잡을 수 없다.

**기억에 남기 어렵다.**

전자책의 경우, 단말기를 만지는 감각은 체험하고 있는 것이지만, 그것은 어느 전자책이든 똑같습니다. 종이책에 비해서 한 권 한 권이 하나의 독립된 존재로 서 있지 않습니다. 마치 어떤 데이터 속에 파묻혀 있는 것 같은 느낌입니다. '두루뭉술하다'라고도 할 수 있겠죠.

그러므로 전자책은 기억에 남기 어렵고, 떠올리려고 하더라도 떠올리기 어렵습니다. 그 결과, 실질적인 독서 시간은 감소하고, 고속 대량 회전이 진행되기 어려운 것입니다.

앞으로, 전자책에서도 개선의 노력이 있을 것으로 생각합니다. 하지만, 이런 전자책의 결점을 자각하지 않으면, 시나브로 책을 떠올려 보고 회전시키는 시간이 감소해서, 속독력이 떨어지게 될 것이기 때문에 주의가 필요합니다.

## '빨리 읽어서 끝내버리는 기술'로 끝나는 게 아니다

마지막으로, '쌓아 두기'라는 '속독'과는 인연이 없을 것 같은 이야기를 꺼냈습니다. 그러나 속독의 지식 자본을 생각한다면, 쌓아 두기도 속독과 이어져 있다는 것을 이해했을 것입니다.

설령, 실제로 책을 읽은 시간이 10분이든 30분이든, 그 독서 경험에는 지식 자본을 통해서 과거로부터 지금까지의 긴 시간이 관여하고 있습니다.

그리고 그 책을 읽음으로써 축적되고, 변화한 지식 자본이 앞으로의 미래에 영향을 미칩니다.

때문에 '한 권 10분'이나 '하룻밤에 5권'과 같은 눈앞의 책을 무조건 빨리 처리하는 일과성 '정보 처리' 같은 발상으로 정리되지 않습니다.

앞서, 쌓아 두기를 사람 사이의 만남의 과정에 비유했습니다. 독서란 '정보 처리'가 아닌, 그야말로 '책과의 만남'입니다.

거기에는 만나기 전부터 다양한 기대가 있으며, 만난 후, 헤어진 이후에도, 다양한 추억과 함께, 한층 더 깊은 흥미와 관심, 그리고 의문과 미련이 생기고, 그것이 계속됩니다.

책을 한번 읽은 후에, 그 후의 생활 속에서 '그 책에 적혀 있던 게 이런 것이었구나' 하고 깨닫거나 '어쩌면, 그 책에 어떤 힌트가 적혀 있을지도 몰라'라고 다시 읽어보거나 하며, 책과의 사귐이 길어지는 것입니다.

'정보 처리'라는 발상이라면, 속독은 '빨리 읽어서 끝낸다'라는 것만 목적이 될 것입니다.

그러나 '책과의 만남'이라는 발상을 하면, '빨리 읽어서 끝낸다'뿐 아니라, 지금까지 읽을 수 없었던 책, 읽으려고 생각도 하지 않았던 책을 '빨리 읽기 시작할 수 있다', '많이 읽을 수 있다'로도 사용할 수 있게 됩니다.

그렇게 다양한 책과 많은 만남 속에서, 당신의 지식 자본은 풍부해지고, 속독력도 점점 높아져 갑니다.

## 속독에 필요한 것

고속 대량 회전법을 입구에서 체험해본 속독의 세계는 어떠셨나요?

당신 안에 있는 지식, 정보, 경험 등의 지식 자본과 책이 적극적으로 반응, 공명시키는 읽기 방법은 이 책을 읽기 전에 당신이 생각하고 있던 속독의 이미지와 동떨어진 것이었을지도 모릅니다.

하지만, 지금 이 순간, 이 책을 읽으면서, 그야말로 당신은 반응, 공명하고 있는 자신을 느끼고 있을 것입니다. 그리고 '소리를 내지 않고 보기', '이해하려고 하지 않고 보기'라는 속독 기술을 사용하면서, 이미 속독하고 있는 당신이 있을 것입니다.

꼭 이 상태 그대로 점점 속독을 활용해가십시오.

끝으로, 속독에 필요한 중요한 사항을 전달하겠습니다. 그것은 머리 회전 속도도, 재빠르게 글자를 보는 힘도 아닙니다.

그것은 '경이로움(sence of wonder)입니다', '아름다운 것, 미지의 것, 신비한 것에 눈을 뜨는 감성'입니다. 머리의 유연함, 열려 있는 마음이라고 해도 좋을 것입니다.

이 감성이 둔하면, 책과의 반응과 공명도 둔해집니다. 그리고 이 감성을 키우기 위해서라도 속독으로 다양한 책의 세계를 접해봐야 합니다.

'이런 세계가 있었구나!'

'이런 사고방식도 있구나!'

그런 놀람과 감동의 체험이 '경이로움'을 갈고 닦아, 읽는 속도도 높여주고, 나아가 독서 체험을 깊이 있게 해줍니다.

자, 당신은 다음으로 어떤 책을 속독하겠습니까?

| 끝내며 |

　지금으로부터 25년 전, '앞으로 대학 공부가 편해질 거야!' 라고 생각해서 속독을 시작했습니다. 애초에 기대했던 바와 상당히 달랐지만, 거기에는 재미있고, 깊은 세계가 펼쳐졌습니다. 모쪼록 한 명이라도 많은 사람이 속독을 알고, 활용하길 바랍니다.
　그러나 유감스럽게도 속독은 아직 수상한 것에 머물러 있는 것이 현실입니다. '시작하며'에 적었듯이, 많은 속독 교실, 속독 책이 눈 훈련과 뇌력 개발 따위에 편중해서 지식 자본을 무시하고 있기 때문입니다.
　몇 년 전에는 '스포츠 속독'이라고 해서 '속독 훈련을 하면 150km의 속구를 칠 수 있다'라는 속독이 TV에서 한창 다루어졌습니다. 눈의 훈련이라는 표면적인 기술에만 초점을 맞춘 나머지, 본래의 '독서'도 잊혀서 결국 갈 데까지 갔다는 느낌을 받았습니다.

읽기 위해서는 눈을 사용하기 때문에, 눈 훈련이 의미가 없다고는 말할 수 없습니다. 저 또한, 한 속독 교실에서, 있는 힘껏 눈을 뜨고, 깜박이지 않고 눈물을 뚝뚝 흘리며 검은 점을 계속 보는 훈련을 한 결과, 편하게 책을 볼 수 있게 되었습니다. 단지, 그런 훈련에 돈과 시간을 쏟아붓기에 앞서, 더 효과가 좋고, 해볼 수 있는 것이 많이 있습니다.

이 책에서는 속독을 배우고, 실천해온 입장에서, 업무와 일상생활에서 정말로 속독을 값어치 있게 사용한 제 방식, 체험을 정리했습니다. 당신이 지금 바로 실천할 수 있는 방법입니다. 꼭 올바로 사용해주십시오.

실천하면서 느낀 것, 떠오른 의문 등은 고속 대량 회전법에 관한 제 블로그(http://ameblo.jp/kosoku-tairyokaiten-ho)에 댓글과 메시지를 보내 주세요. 질문에 대답하거나, 추가적인 정보를 제공하면서, 저도 할 수 있는 한, 당신이 속독을 정말로 유익하게 사용할 수 있도록 돕겠습니다.

　끝으로, 이 책의 내용에 조언해주신 테라다 마사츠구(寺田昌嗣) 씨와 마츠오카 카츠마사(松岡克政) 씨, 그리고 이번 책을 기획하고, 끈기 있게 도와주신 우시쿠보 카즈야(丑久保和哉) 씨에 감사를 드립니다. 정말 감사합니다.

　　　　　　　　　　　　　　2011년 9월의 어느 좋은 날
　　　　　　　　　　　　　　우쓰데 마사미(宇都出雅巳)

― 독자의 목소리 ―

## "저는 이 책으로
## 도쿄대학 대학원에 합격했습니다!"

**휴스유미(ヒュース由美) (키누가와 유리(絹川友梨)) 씨**
도쿄도 50대 배우/즉흥연기자(Improviser)

    도쿄대학 대학원 시험을 치기로 정한 것은 시험일로부터 5개월 전이었습니다. 시험을 치기로 하고, 과거의 기출 문제를 봤는데 충격을 받았습니다! 철학, 정보학, 수학, 사회학, 도서관학, 역사 등 폭넓은 장르에서 매년 전혀 다른 내용으로 출제되고 있었습니다. 게다가 필기시험이라니, 솔직히 공황 상태가 되었습니다.

    그때 이 책을 만났습니다. 우선 전체적인 감을 잡을 것, 한 번 다 읽었다고 끝난 게 아니라 자기 자신과의 질의응답을 반복하면서 자신의 언어로 설명해볼 것. 단순히 몇 번이고 몇 번이고 반복했습니다. 꼭 읽어야 하는 방대한 분량의 책이 있어도 허둥대지 않고, '일단은 표지가 보이도록 쌓아 두는' 것에도 신경 썼습니다.

시험 당일에 예상했던 문제는 하나도 나오지 않았습니다. 그러나 학문 영역의 '전체적인 감각'을 이해하고 있었기 때문에, 문제의 의도를 알 수 있었습니다. 또한 문제에 대한 '답변 방식'을 몇 번이고 반복했기 때문에 그 기술을 구사했습니다. 모르는 말이 있어도 허둥대지 않고, 전체적으로 추측할 수도 있었습니다.

이 책은 '불면 날아가는 잔재주 기술'이 아니라, 실천으로 활용할 수 있는 '본질의 힘'을 익히게 해줍니다. 정말입니다.

### "월간 500권으로 단숨에 속도가 올라갔습니다"

시미즈 아리타카(淸水有高) 씨
도쿄도 30대 회사 대표이사

어쨌든 이 책은 훌륭합니다! 이 책을 만나기 전부터 책을 한 달에 100권 정도 읽었는데, 이 책 덕분에 한 달에 500권으로 단숨에 속도가 올라갔습니다. 그 후로도 속도는 더 빨라져서 현재는 한 달에 1,500~3,000권까지 독서가 가능해졌습니다.

현재는 그 성과를 페이스북 '한 달에 만 권의 책 시미즈'에서 공개하고 있습니다.

책을 읽으면 읽을수록 연봉과 지식이 늘어났고, 말 그대로 풍부한 인생길을 걷고 있습니다. 내 나름의 방식으로 많이 읽었지만, 더 많이 읽을 수 있게 발돋움하게 해준 좋은 책입니다.

너무나 좋은 책이기 때문에 지인들에게도 나눠줬습니다. 그 결과 그들도 한 달에 100~300권 이상 책을 읽을 수 있게 되었고, 나 말고 다른 사람에게도 효과가 나타났습니다. 속독 책은 수십 권 이상 읽었지만, 이 책은 틀림없이 베스트 3안에 들어갑니다!

"새로운 독서의 세계가
보이기 시작했습니다"

시마자키 유다이(鳥崎雄大) 씨
도쿄도 20대 임시직

'속독=기술'이라고 생각했는데, 읽는 사람의 '지식 자본'이 중요하다는 내용을 처음 접했을 때 기분이 후련했습니다. 너무 기술만 생각한 나머지 책을 읽는다는 가장 중요한 핵심으로부터 멀어져 있었기 때문입니다. 기술에 앞서 우선 많은 책을 읽는다는 게 매우 단순해서 마음에 와닿았습니다.

또한 이 책에서는 '고속 대량 회전법'이라는 구체적인 독서법에 관해서도 설명하고 있습니다. 독서 습관이 없었던 제가 그것을 실천하면서 새로운 독서의 세계가 보이기 시작했습니다. 그것은 책을 읽는다는 행위의 문턱을 상당히 낮춰줬습니다.

몇 번이고 읽는다는 생각이 '마음의 여유'를 탄생시키고, 빨리 읽는다는 생각이 '시간의 여유'를 탄생시킵니다. 게다가 이 두 가지는 서로를 향상시켜서 더 강력한 독서하는 마음을 탄생시킵니다. 이것은 실천을 통해서 처음으로 맛볼 수 있는 것으로 생각합니다. 지식 자본이 기술을 끌고 옵니다. 이것은 속독의 핵심을 찌르고 있다고 생각했습니다.

눈앞의 일에만 너무 집중해서 주변이 전혀 보이지 않는 분, 속독 기술과 공부법에만 관심이 쏠려서 앞으로 나아가지 못하고 있는 분, 그런 분에게 이 책은 최고의 한 권입니다.

## "'일반인'의 시점에서
## 속독 습득의 작용 원리가 적혀 있다"

**마쓰우라 코스케(松浦康介) 씨**
사이타마현 30대 단체임원

꽤 오래전부터 '나도 속독할 수 있으면 좋겠다'라는 막연한 생각이 있었는데, 세상에 돌아다니는 많은 속독 교재는, 어딘가 수상하면서 종교적(?)이라 속독을 할 수 있을 거라는 생각이 들지 않는 것들뿐이었습니다.

그런데 이 책을 만나고, 처음으로 속독의 작동 원리를 이해할 수 있었습니다. 그리고 실제로 조금씩 활용할 수 있게 되었고, 지금도 시험공부나 취미 독서에 활용하고 있습니다.

제가 이 책을 추천하는 이유는, 한결같이 '일반인'의 시점에서 속독 습득의 작용 원리를 이야기하고 있다는 점입니다. 속독은 마법이 아니라는 것, 수수한 축적(지식 자본을 축적하는 것)과 작은 발상 전환의 집합체가 속독 습득의 원칙이라는 것을 알 수 있게 된 것이 이 책의 최고(그리고 가장 중요한) 가치가 아닐까 생각합니다.

저는 지금, '소리를 내지 않고 읽는 방법'에서 '이해하려고 하지 않는 것', '반복해서 읽는 것', '내 지식 자본을 건드리면서 읽기'순으로 단계적으로 이해하고, 실천하고 있으며, 그때마다 읽는 속도가 빨라지는 것을 실감하고 있습니다. 그리고 아마도, 앞으로 더 빨라질 것으로 생각하고 있습니다.

독자의 목소리는 블로그 '누구나 할 수 있다! 속독 공부법'에서도 보실 수 있습니다. 당신의 실제 체험과 감상도 꼭 들려주세요!

# 아무도 알려주지 않은
# 속독의 비밀

제1판 1쇄  2025년 6월 25일

지은이　우쓰데 마사미(宇都出 雅巳)
옮긴이　김은서
감　수　서승범
펴낸이　한성주
펴낸곳　㈜두드림미디어
책임편집　배성분
디자인　디자인 뜰채 apexmino@hanmail.net

㈜두드림미디어
등　록　2015년 3월 25일(제2022-000009호)
주　소　서울시 강서구 공항대로 219, 620호, 621호
전　화　02)333-3577
팩　스　02)6455-3477
이메일　dodreamedia@naver.com(원고 투고 및 출판 관련 문의)
카　페　https://cafe.naver.com/dodreamedia

ISBN　979-11-94223-72-6 (03190)

책값은 뒤표지에 있습니다.
파본은 구입하신 서점에서 교환해드립니다.